« POURQUOI ON NE VOUS VOIT PLUS ? »

RACHID ARHAB

« POURQUOI ON NE VOUS VOIT PLUS ? »

Michel Lafon

118, avenue Achille-Peretti – CS 70024
92521 Neuilly-sur-Seine Cedex

www.michel-lafon.com

À mon père qui m'a légué l'amour des journaux.
À ma mère qui découvre l'amour des mots.
À Sylvie qui m'a appris à écrire ma plus belle histoire d'amour.

Si tu peux supporter d'entendre tes paroles
Travesties par des gueux pour exciter des sots,
Et d'entendre mentir sur toi des bouches folles,
Sans mentir toi-même d'un seul mot ;
Si tu peux rester digne en étant populaire,
Si tu peux rester peuple en conseillant les rois [...]
Si tu peux rencontrer triomphe après défaite
Et recevoir ces deux menteurs d'un même front [...]
Tu seras un homme, mon fils.

Rudyard KIPLING

– 1 –

UN JOUR, UN DESTIN

Vingt-quatre heures chrono pour quitter mon feuilleton hebdomadaire à la télé, mon « Rendez-vous » du dimanche sur France 2, et choisir mon avenir.

20 janvier 2007, le secrétariat général de l'Élysée me propose de devenir membre du CSA. Quelques jours auparavant, Azouz Begag, ministre de l'Égalité des chances, m'en avait vaguement parlé mais la surprise reste quasi totale.

Azouz, surnommé le résident de la République, a depuis été viré de la vie politique. Il est aujourd'hui conseiller culturel à Lisbonne…

C'est déjà lui qui deux ans auparavant m'avait proposé à la dignité de chevalier de la Légion d'honneur. Dossier qui était étrangement resté ensuite en bas de la pile ! Cette décoration, je ne l'avais pas demandée, pas plus que le CSA. Une rosette que je ne me suis toujours pas fait remettre officiellement, même si je cotise à ma cohorte, comme l'on dit à l'ordre de la Légion ! Une prescience que dans ce théâtre d'ombres les honneurs de la République dissimulent parfois des pièges à retardement…

*
* *

Le CSA, j'y suis allé après quelques heures de réflexion en famille et les avis des rares amis dans ma profession. Pas le temps de connaître les conditions, notamment juridiques, de mon départ de France Télévisions après trente ans au service de la télé publique. Pas un mot, non plus, de ma rémunération. Rien de précis sur l'après-mandat. Un pari fou ?

Avant d'y arriver, le Conseil supérieur de l'audiovisuel, c'est pour moi un grand immeuble gris peuplé de fonctionnaires de la même couleur. Un tribunal où les chaînes sont convoquées pour se faire gronder ! Mais comment ne pas répondre à l'appel de la République ? Le CSA, l'autorité qui régule l'audiovisuel, est une institution créée pour que neuf personnes désignées par les plus hautes instances de l'État supervisent le secteur de la radio et de la télé. Comment ai-je été sélectionné pour participer à cette académie des neuf ? Officiellement, j'ai été choisi par le président de l'Assemblée nationale. Dans la réalité, ce fut après des tractations entre lui, son collègue du Sénat et le président de la République, les trois personnalités qui choisissent les membres du Conseil. Avec un certain humour, Jean-Louis Debré, que je n'avais jamais rencontré auparavant, m'appellera deux jours plus tard pour me féliciter d'avoir été nommé officiellement par lui, le président de l'Assemblée nationale.

24 janvier 2007, le décret de nomination paraît au *Journal officiel* signé par Jacques Chirac. Le président de

la République de l'époque avait fini par m'apprécier parce qu'il aimait bien le ton de mon émission « J'ai rendez-vous avec vous ». Il lui arrivait d'être le dimanche à 13 h 15 devant France 2 pour y entendre la parole donnée aux citoyens en direct d'une place publique quelque part en France. Une émission qui réunissait jusqu'à 4 millions de téléspectateurs. Le programme aura duré un septennat et soudain je traverse l'écran et bascule dans le monde des « décideurs ». Vais-je y perdre mon âme ? Comment être nommé sur un choix réservé aux politiques sans trahir mes idéaux ? Pendant mes trente ans de carrière dans le journalisme, j'ai toujours mis de la distance entre les élus et moi pour éviter tout reproche de connivence. Puis-je être choisi par l'un d'entre eux sans donner l'impression de renier ma farouche volonté de protéger mon indépendance ? Le défi mérite d'être relevé : travailler avec les grands commis de l'État sans me commettre ou me compromettre.

Jacques Chirac, je l'ai rencontré après mai 1981. Lui, maire de Paris essayant d'exister après la vague rose ; moi, jeune journaliste recruté deux ans plus tôt sur FR3 Île-de-France après avoir sillonné les stations régionales de Reims, Nancy et Amiens.

Après la victoire de la gauche, c'était moi, le dernier arrivé à la rédaction, qu'on envoyait interviewer le maire de Paris assez remonté – pas forcément à tort – contre un certain déséquilibre du temps de parole accordé à l'opposition.

Chirac m'appelait « monsieur Rachid ». Il me demanda combien de secondes FR3 lui accordait.

– Une minute, monsieur le maire.

Il se tourna vers la caméra, lui parla pendant soixante secondes.

– Comme ça vous n'aurez rien à couper.

Il faut dire que j'étais en plein apprentissage dans une télévision sortant à peine de la période giscardienne ; un de mes confrères, bien installé dans la rédaction, m'avait prévenu : on ne relance pas un homme politique après une réponse insatisfaisante ! « Ah bon, on va voir… » Quelques années seulement après l'éclatement de l'ORTF, les relations pouvoir-media étaient encore incestueuses.

Jacques Chirac, je l'ai retrouvé quelques années plus tard quand, chef du service politique d'Antenne 2, j'ai été amené à interroger le président du RPR après des déclarations jugées racistes. Dans une réunion à Orléans, le leader de la droite avait évoqué les conditions de vie des Français dans les cités, leur misère, la promiscuité… « sans parler du bruit et des odeurs » que l'on avait interprété comme une nouvelle attaque contre les immigrés et un gage à l'extrême droite. Y avait-il un calcul de la part de son service de presse en me proposant de le recevoir dans le 20 heures au lendemain de ces propos controversés ? Avait-on jugé possible de se servir de mon nom pour désamorcer la bombinette ? On se trompait. Je raconterai plus tard par quel processus inédit le petit garçon né en Kabylie a dû apprendre les codes secrets de l'audiovisuel français…

Pour le moment, me voilà donc membre du CSA à cinquante et un ans, l'âge ayant son importance pour la suite de l'histoire… En quelques heures, je dois intégrer les rites initiatiques d'une autorité administrative indépendante. Pas haut fonctionnaire, pas juriste, pas ingénieur, même pas franc-maçon, juste un baluchon de journaliste sur le dos pour débarquer chez ceux que l'on appelle les Sages, ou les gendarmes de l'audiovisuel. L'ascension de la tour Mirabeau est vertigineuse dans tous les sens du terme ; les vitres du dix-huitième étage ne s'ouvrent pas et je comprends vite pourquoi : pour ne pas avoir la tentation de sauter dans le vide. C'est pourtant ce que je fais au sens figuré.

Personne n'a pris le temps de me prévenir que l'après-CSA est délicat à gérer. C'est une fois installé dans mon nouveau fauteuil que j'ai découvert l'obligation de respecter un temps de carence à la fin du mandat – un mandat de six ans – avant de retrouver une activité « normale » : un délai légal pour éviter les risques de prise illégale d'intérêt. Un an, si j'en crois France Télévisions, qui attendra six mois pour me faire une belle lettre officielle de détachement m'indiquant que je pourrai rentrer à la maison après sept ans de suspension de mon contrat, c'est-à-dire en 2014.

En fait, je découvrirai entre-temps que les textes prévoient une interdiction d'exercer dans toutes les entreprises audiovisuelles contrôlées par le CSA pendant trois ans ! Nul n'est censé ignorer la loi… Visiblement les juristes de la télé publique et ceux du Conseil supérieur de l'audiovisuel ne connaissaient pas si bien les textes légaux, pour m'avoir laissé dans l'ignorance de ce qui m'attendait. Sachant qu'ils avaient forcément étudié mon cas ensemble, je constate qu'ils n'avaient pas la même lecture des obligations s'imposant aux membres du CSA. Un détail qui pèsera lourd par la suite…

Si, aujourd'hui, je transgressais cet interdit de travailler dans l'audiovisuel avant janvier 2016, je serais passible d'une peine de prison de deux ans et d'une amende de 30 000 euros ! Et le patron qui oserait m'employer aussi ! C'est le code pénal qui le dit. Donc mon choix est simple : chômeur ou condamné. On a simplement oublié de m'en informer avant que j'accepte d'aller rejoindre les Sages…

*
* *

Retour sur image. Premier jour dans le saint des saints du PAF. Assistante personnelle, chauffeur, invitations à déjeuner ou au spectacle, bureau à décorer à son goût. De l'extérieur, tout paraît si facile. L'accueil des membres du Conseil est sympathique – beaucoup d'autres noms que le mien avaient circulé et ils sont peut-être soulagés de voir arriver un saltimbanque : j'ai presque l'impression d'être une bonne surprise pour eux. D'autant plus que la rumeur de la nomination d'une célèbre productrice radio avait couru avant mon arrivée en déclenchant des réactions contradictoires. Le premier jour, j'aurais pu déjeuner deux fois avec les conseillers divisés en deux camps. L'ancien collège s'est déchiré sur un dossier concernant le monde de la création audiovisuelle. La conseillère en charge du dossier s'était vu reprocher d'avoir informé un journal avant la discussion du sujet en réunion générale du mardi. Ses petits camarades avaient essayé de lui infliger une sanction disciplinaire… Je ne veux pas en savoir plus et d'ailleurs les déjeuners me pèsent. Mais cela me permet de comprendre d'entrée de jeu que les rapports de forces au sein du Conseil supérieur de l'audiovisuel pourront être feutrés ou violents... Venant de la télé, je sais mieux gérer les conflits frontaux que les échanges à fleuret moucheté. Ce sera le premier défi dans ma nouvelle vie professionnelle.

Comment un enfant né du « mauvais côté » de la Méditerranée peut-il ainsi soudainement rejoindre une haute institution de la République ? Et puis pourquoi renoncer à une carrière professionnelle à laquelle déjà rien ne me prédestinait ? Quitter la proie pour l'ombre ? La lumière des projecteurs pour la pénombre des coulisses secrètes de l'audiovisuel ? Rares sont ceux qui m'ont demandé alors ce que diable j'allais faire dans cette galère. Sacrifier un confort agréable avec une petite notoriété et une réputation intacte après trente ans à barboter dans le marigot de la télé sans trop me faire mordre par les vieux crocodiles. Apprendre à me défendre avec mon apparence d'iguane herbivore, solitaire, impressionnant de loin mais inoffensif de près. Me rapprocher sans trop de crainte de ceux que j'avais jusqu'alors côtoyés avec méfiance : les décideurs de la nation. Ceux qui « savent » alors que toute mon expérience ne m'a appris qu'une chose : plus je grandis, moins j'ai un avis sur tout. Itinéraire d'un enfant pas gâté qui se retourne sur son parcours, surpris de ne pas être tombé dans tous les pièges tendus dans cette course à handicap à laquelle participent des pur-sang élevés dans les grandes écoles. Moi qui descends de la montagne sur un mulet têtu.

Cette traversée du miroir, je voudrais la raconter avec ma franchise, une disposition d'esprit chez moi naturelle mais qui s'apparente souvent à une naïveté désarmante.

Six ans après ma nomination, jour pour jour, cette étrange aventure, si riche en expériences, s'est terminée dans un salon du restaurant Le Procope par un dîner de fausse convivialité que j'ai quitté avant la fin, plus riche d'un stylo-plume offert par d'anciens collègues ravis de me voir partir. J'étais moi-même soulagé de les laisser à leurs querelles picrocholines et de retrouver une liberté chérie mais qui me revient cher…

Aujourd'hui, l'histoire me présente l'addition et malgré son coût, je ne me résous pas à regretter, encore moins à régler mes comptes. Tout au plus à partager ma part de vérité et mon innocence naturelle, après avoir accepté une mission que tant d'autres rêvaient plus que moi de se voir confier. Mais à quel prix ? À celui d'une carrière brisée ? Pourtant, si j'avais su, j'y serais allé quand même…

– 2 –

FAITES ENTRER L'ACCUSÉ

À mon arrivée en France en 1958, tête blonde et frisée, ne parlant pas un traître mot de français, j'ai découvert la Moselle et son Concordat. Seul territoire avec l'Alsace à vivre sous le régime de la non-séparation entre l'Église et l'État. Un particularisme qui me marquera au point de me faire devenir un apôtre de la laïcité. École primaire adossée au temple protestant, collège catholique avec cours de religion facultatif... j'aurais dû poursuivre dans une fac jésuite pour parfaire mon intégration ! Mais trêve de plaisanterie, j'ai su profiter de l'école de la République pour devenir très jeune un bon citoyen, « conscientisé » comme on le disait dans le milieu étudiant strasbourgeois extrêmement politisé où j'ai fait mes classes civiques.

Fils de deux pays en guerre

Né français en 1955, j'ai changé de nationalité à l'âge de huit ans, sans le savoir, au moment de l'indépendance algérienne. J'ai gardé cette identité pendant trente ans en parfaite connaissance de cause. C'est à la majorité, quand il a fallu produire des certificats de résidence, qu'est apparu « mon blocage, docteur ». Un de mes traumatismes : l'histoire arrivée à l'un de mes frères cadets. Bien que né dans l'Hexagone, quand il a entrepris les démarches pour obtenir des papiers français, on lui a demandé de conjuguer le verbe « chanter » à tous les temps.

Il a refusé de céder au maître chanteur et est devenu un bon Français. J'ai attendu 1992 pour l'imiter. Par défi.

En fouillant dans mes souvenirs les plus anciens, il me semble qu'un autre épisode a pu retarder mon retour dans la citoyenneté française. Pour les Algériens, l'Administration parle en effet de réintégration dans la nationalité et non de naturalisation puisque j'ai vu le jour dans une colonie. Fin 1961, descente de police chez mes parents en Lorraine pendant les derniers soubresauts de la guerre d'Algérie. Comme tous les « musulmans » venus de l'autre côté de la mer – même s'ils n'ont jamais été pratiquants –, mes parents étaient soupçonnés d'aider financièrement la rébellion algérienne.

N'ayant bien évidemment rien trouvé de suspect chez nous, les policiers sont repartis en tirant une rafale de mitraillette sur le bitume devant la maison pour nous impressionner. J'avais six ans. Je hais les armes depuis ce jour et je n'ai toujours rien à me reprocher, messieurs les agents.

Pour mieux me faire comprendre et entendre ma petite musique personnelle, il m'arrive encore aujourd'hui de dire qu'il est impossible de choisir entre ses deux pays qui ont été en guerre. C'est pourtant ce qu'ont connu beaucoup de ceux que l'Administration coloniale nommait mes « coreligionnaires » sans se soucier du fait que j'ai toujours été athée.

Si je ne suis pas redevenu français plus tôt, c'est par respect pour mes parents et grands-parents. Un père parti en France à dix-huit ans pour gagner notre vie, une mère restée en Algérie pour s'occuper de mes aînés et de moi-même. Des grands-pères que je n'ai pas ou que j'ai peu connus. Côté paternel, l'unique souvenir d'une flûte offerte par un monsieur en burnous le jour de mon départ pour la France ; côté maternel, le regret de ne pas avoir croisé le regard clair de mon aïeul directeur d'école, un des premiers diplômés « indigènes » dès 1919 : lettré et érudit, il a transmis à sa famille l'amour de la langue française et de la réussite par l'éducation. Transmission assurée ensuite par les femmes qu'il me faudra vous raconter. Je porte toujours le message de mon grand-père : il faut pardonner aux colonisateurs.

Même les plus ultras ? Pendant un été gersois, j'arrive au golf d'Auch en pleine chaleur. Pas un chat. Je commence mon parcours seul et rejoins un joueur qui se déplace en voiturette à qui je propose de terminer la partie ensemble. L'étiquette au golf est sacrée, il m'invite à monter à côté de lui pour les derniers trous dans un relief très escarpé. Je remarque l'étrange casquette façon camouflage militaire de mon partenaire… À la fin de la partie, nous nous saluons en retirant nos couvre-chef et le vieux monsieur me confie qu'il a un cabinet d'avocat en ville. C'est le gardien du golf qui me met la puce à l'oreille en me demandant, un peu gêné : « Tout s'est bien passé avec monsieur Lagaillarde... ? »

Rentré dans le havre de paix construit par mes beaux-parents non loin de là, je jette un coup d'œil à l'annuaire : Pierre Lagaillarde, avocat, Auch. Bon sang, mais c'est bien sûr : je viens de battre au golf l'un des deux créateurs de l'OAS. L'Organisation de l'armée secrète qui a mis l'Algérie à feu et à sang avant l'Indépendance. Cet ennemi juré de De Gaulle, condamné à dix ans de prison par contumace en 1962, s'est exilé en Espagne jusqu'à sa grâce par le Général six ans plus tard. Il a fini récemment ses jours dans la douceur des vallons gascons, loin du djebel. Et je l'ai battu sur le green. Ma guerre du golf à moi !

Changer de passeport, on verra… De nom ? Pas question !

Quand on est un accident de l'Histoire comme moi, on apprend à l'assumer. Dès mon arrivée à FR3, le directeur des ressources humaines de la chaîne m'avait convoqué pour m'assurer que ma nationalité de l'époque ne posait pas de problèmes pour un contrat puisque je n'étais pas fonctionnaire, mais que je devais y réfléchir pour éviter des polémiques ultérieures. Sur ce point, il n'avait pas tort car quelques années plus tard, la couleur de mon passeport algérien irrita l'extrême droite tricolore qui aimait tant les Français d'origine algérienne à ma naissance, au point de ne pas vouloir s'en séparer.

Tant qu'il y était, le DRH de FR3 m'a avoué que mon nom aussi… risquait de me créer un jour des difficultés. Par deux fois, il a fait preuve de préscience mais je ne l'ai pas suivi. Paix à son âme ; ce monsieur agréable par ailleurs aura vécu toute sa vie avec son patronyme de naissance : M. Goujat. Je me suis retenu de lui dire que son nom de famille devait être lourd à porter. Sans le savoir, il m'a encouragé à ne pas prendre de pseudonyme.

Quand on a subi les séparations tragiques de l'Histoire, on ne se cache pas derrière un changement d'identité. Aujourd'hui, je ne me résigne pas à devenir un « binational », comme l'on dit ici et là-bas. Je ne veux pas deux passeports comme ce me serait pourtant possible en toute légalité. Même si désormais, il me faut un visa pour retourner dans mon pays natal !

« Rentre chez toi, corbeau ! »

Voilà certainement pourquoi, lorsque l'actualité a rattrapé l'Histoire dans mon métier de journaliste, j'ai parfois été ébranlé. Envoyé en Nouvelle-Calédonie en 1986 pour couvrir les événements sanglants qui opposaient Kanaks indépendantistes et Caldoches attachés à la France, j'ai été l'objet d'une violente attaque du Front national. L'épreuve la plus violente de ma jeune vie d'alors. Mon nom et mon état civil complet jetés en pâture dans l'hémicycle de l'Assemblée nationale. Une violence inouïe, un éclair aveuglant. L'envie de disparaître. Le sentiment d'être un intrus.

Le député FN Roger Holleindre venait d'interpeller le gouvernement : « Comment une chaîne nationale de télé peut-elle confier à un journaliste algérien la couverture des événements en Nouvelle-Calédonie ? » Cet ancien parachutiste devenu journaliste – quand « on ne pouvait plus tirer sur tout ce qui bouge », comme l'avait chanté Maxime Le Forestier –, ce nouveau représentant de la nation au Palais-Bourbon n'avait pas supporté ma présence à Nouméa. Peut-être parce que j'étais logé dans un hôtel plus étoilé que le sien ? Ou alors, il n'avait pas digéré ses guerres perdues. Ou les deux !

Quelques heures après mon passage à l'aéroport de Nouméa, la photocopie de mon passeport algérien circulait en ville, certainement par la grâce du douanier qui dans un premier temps m'avait refusé l'entrée sans visa. Ma carte de résident en France ne lui suffisait pas. Un accueil qui ne vous pousse pas à l'ouverture d'esprit.

Très vite, le journal local a consacré son édito à mon passeport qui se lisait de droite à gauche et, sur le pare-brise de ma voiture de location, je trouvais des petits mots du genre « Rentre chez toi, corbeau ! » Comme je ne comprenais visiblement pas assez vite, un groupe de Wallisiens de fort beau gabarit m'a enjoint à un coin de rue, machette à la main, de prendre la route vers l'aéroport de la Tontouta.

Jean Montpezat, le haut-commissaire de la République, représentant l'État sur place, m'a alors fait « protéger » quelques jours, mais très vite le fait d'arriver dans les tribus kanaks escorté de policiers des RG à bord d'une Renault 4 banalisée – et donc très visible – a rendu mon travail plus que délicat.

Alors, je suis rentré chez moi.

À Paris, pas à Alger !

À mon retour un peu médiatisé, Jean-Marie Le Pen a répondu à mes confrères qui l'interrogeaient : « Il a beaucoup de talent, plus que beaucoup de ses collègues… français. Il sera parfait à Télé Alger. » Agréable tout de même de se voir reconnaître des qualités professionnelles. J'ai dû faire des jaloux.

Je plaisante mais ce jour-là, j'ai décidé d'arrêter le journalisme. Quelques heures. Heureusement une bonne partie de la confrérie journalistique m'a soutenu, ainsi que quelques responsables politiques, au premier rang desquels François Léotard, alors ministre de la Communication, et Jacques Attali, conseiller à l'Élysée. Plus frileux fut le P-DG d'Antenne 2, qui se contenta d'un communiqué écrit précisant que je disposais d'une carte de presse française.

Le plus subtil : William Leymergie qui présentait alors le journal de 13 heures. Ce jour-là, il a beaucoup insisté pour que je sois en plateau à ses côtés… Cela m'a remis en selle alors que j'avais envie de rester enfermé chez moi. Preuve d'un épiderme plus fragile qu'il n'y paraît : été 1998, j'entends à la radio Laurent Gerra imiter Le Pen père parlant de moi. Tellement juste dans l'intonation que j'en ai la chair de poule. Je le raconterai à Laurent qui s'excusera presque et deviendra un vrai copain.

Quelques années plus tard, au cours d'une émission politique que j'animais sur France Ô, Marine Le Pen répondait sans fard à mes questions sur la politique ultra-marine – ou outre-mer pour ceux qui ne goûteront pas mes jeux de mots. J'étais enfin dé-diabolisé ! Chacun son tour.

Petite victoire qui me rappelle une phrase confiée par Jean-Marie Tjibaou, le leader kanak, dans sa commune de Hienghene : « La rivière coule toujours de la montagne vers la mer, jamais le contraire. » Le sens de l'Histoire.

Les chemins du pardon

Plus de vingt ans après, la Nouvelle-Calédonie sera ma dernière mission extérieure au nom du CSA. Accompagnant mon collègue Alain Méar pour mesurer les difficultés de créer des chaînes de télé différentes pour les deux camps en présence, j'ai pu faire la paix à mon tour avec ceux qui m'avaient chassé du territoire lors de mon dernier passage. Pour la première et seule fois de ma vie, j'acceptais de dîner chez un homme politique ! Qui plus est avec un anti-indépendantiste, Pierre Frogier, ancien président du gouvernement local, homme paisible et affable qui, au détour d'une phrase banale, reconnut que j'avais eu du courage à l'époque. Sur la splendide baie des Citrons à Nouméa ce soir-là, sous les étoiles inversées du Pacifique Sud, j'ai éprouvé le sentiment de m'être aussi réconcilié avec moi-même. Parce que je n'aime pas plus l'injustice que les conflits.

Pour parachever le travail de pardon mutuel, j'aurais aimé avoir le temps de retourner dans le cimetière du village de Bourail où j'avais découvert les tombes de rebelles kabyles déportés en 1871, quand la France avait fini de mater cette résistance de mes ancêtres, trente ans après le début de la colonisation en Algérie. Les cimetières sont de beaux endroits pour faire la paix.

Mais mon hôte, plein d'humour, m'a proposé de me faire raccompagner par son chauffeur personnel à l'aéroport. Cela me changeait de l'escorte policière qui m'avait reconduit jusqu'à la passerelle de l'avion un quart de siècle plus tôt. En arrivant dans l'aérogare, je me suis dit qu'avec un passeport vert ou lie-de-vin, la perception de la réalité est identique. Ce qui change, c'est le temps d'attente à la douane !

Réminiscence des trésors de malice qu'il m'a fallu développer pendant les années où le petit reporter voyageait avec un « Ausweis » venu d'ailleurs : septembre 1985, tremblement de terre à Mexico. Pas le temps de demander un visa, bien sûr. Ce sont les marins-pompiers de Marseille qui m'embarquent dans l'avion qu'ils ont affrété. Arrivés sur place, ils m'ont prêté une tenue de sapeur pour m'éviter de passer les contrôles de frontière.

Une petite revanche quand même…

J'ai écrit « Ausweis » parce qu'à l'âge de huit ans mon nouveau passeport de l'époque m'a interdit du jour au lendemain d'aller au Luxembourg, distant de vingt kilomètres de l'endroit où mes huit frères et sœurs et moi-même habitions avec nos parents.

Et pourtant j'adorais le chocolat vendu au Grand-Duché. Vivant dans une région qui s'enorgueillissait d'être celle de trois frontières, ma famille et moi ne pouvions plus aller en Belgique ni en Allemagne, pourtant voisines. Assignés à résidence dans ce morceau de terre français tant convoité dans l'Histoire. Trois frontières jadis poreuses qui se fermaient devant moi. La Lorraine était devenue un cul-de-sac. Impression que le monde m'était soudain interdit parce que mon lointain pays natal était devenu indépendant…

Il me faudra quarante ans pour retourner à Luxembourg. Faisant le tour de la ville seul et sans raison, je ne suis descendu de ma berline allemande que pour acheter une tablette de chocolat belge. Petite revanche d'un enfant d'Afrique devenu un Européen convaincu. Je m'égare, pardon…

Alibi de gauche ?

À mon arrivée au CSA, le plus mauvais procès qui me fut fait était signé Anne Hidalgo. En répondant à des journalistes que j'étais l'alibi de gauche au sein d'un CSA marqué à droite, se rendait-elle compte qu'elle était doublement malveillante ? Tout d'abord parce que la vraie définition du mot « alibi » renvoie plutôt au vocabulaire criminel : j'ai un alibi, j'étais ailleurs au moment du délit ! Acceptons malgré tout un autre sens du mot qui n'est pas plus flatteur et ne figure pas dans le dictionnaire : alibi, prétexte ? Deuxième malveillance certainement involontaire : j'aurais été nommé pour faire plaisir à la gauche, pour montrer que la droite pouvait faire preuve d'ouverture. Mais qui a pensé à me demander mon avis avant de me cataloguer et de m'utiliser ?

Réduire un homme à l'état d'« alibi », quel que soit le sens que l'on donne au mot, c'est d'abord lui dénier sa part de libre-arbitre. Peut-être même le nier tout simplement. Le transformer en objet.

« De gauche », venant d'une élue de ce bord, c'est une curieuse façon d'annexer un citoyen sans lui demander son accord ou son sentiment. En tentant ainsi de me récupérer, de m'inféoder à mon insu, celle qui n'était pas encore maire de Paris ne faisait qu'entériner l'obligation d'un engagement politique pour accéder à une telle fonction. Et si on essayait de briser ce carcan, cet « encartement » par destination, par désignation, par naissance ? De quel droit décide-t-on de mon éventuel engagement ? Je vais m'évertuer pendant six ans au CSA à défendre l'idée qu'on peut être vertueux.

Alibi, pourtant, j'en avais l'habitude. Déjà en 1998 après mon installation au journal de 13 heures, de bonnes âmes charitables y avaient vu une conséquence de la victoire des Bleus au Mondial de foot. Celle des fameux « blacks, blancs, beurs ». Je ne me suis jamais reconnu dans ce dernier mot. Je ne suis pas un beur, le verlan d'arabe. Malgré mon nom, quand il est prononcé à la française en oubliant le « h » aspiré, je ne peux me revendiquer comme arabe, étant de souche berbère.

Comme Zidane d'ailleurs. Lui aussi a beaucoup travaillé pour en arriver à se faire aimer des Français avant de les faire rêver. Pour ma part, premier présentateur d'un JT venu d'ailleurs bien avant l'arrivée d'Harry Roselmack qui fit tant de bruit, mes éventuelles qualités de journaliste et ma carrière ne pouvaient-elles pas, aussi, être portées à mon crédit au moment où je devenais une icône ?

De gauche ? C'est vrai que les téléspectateurs m'ont vu plus souvent à l'antenne après 1981, mais est-ce ma faute si j'ai commencé à travailler très jeune ? Dès le mois de décembre 1977, alors que j'étais encore étudiant, il s'est trouvé des rédacteurs en chef qui m'ont fait confiance comme stagiaire puis comme pigiste, peut-être parce que je ne devais pas être trop mauvais face à une caméra et en reportage. Deux d'entre eux, Jean-Marie Belin et Jean-Claude Darrigaud, enseignants à l'école de journalisme de Strasbourg et journalistes à Antenne 2 et FR3, m'avaient même engagé à me servir de mon « oralité » pour réussir là où aucun enfant d'immigrés n'avait eu la possibilité d'accéder. Si j'avais réfléchi une seconde, la montagne m'aurait semblé infranchissable. Une forme d'inconscience, peut-être, face aux difficultés qui m'attendaient sans que je le soupçonne. Merci Mark Twain : ils ne savaient pas que c'était impossible, alors, ils l'on fait.

De gauche ? C'est vrai que j'ai été nommé chef du service politique d'Antenne 2 en 1989 alors que Michel Rocard était Premier ministre depuis un an déjà ! J'avais été chargé de le suivre dès 1986 par Paul Amar parce que plus aucun journaliste n'avait envie de le faire pendant sa traversée du désert. Or dans les rédactions, la tradition veut que quand un Premier ministre est désigné, le journaliste accrédité auprès de lui avant sa nomination couvre et découvre Matignon en même temps que le nouveau chef du gouvernement. Alibi de gauche, j'aurais été promu immédiatement dans la hiérarchie. Moi, il m'a fallu faire mes preuves d'abord.

Il est exact aussi que j'ai une attirance intellectuelle pour la démarche politique de celui que Mitterrand avait installé rue de Varenne, certainement pour mieux s'en débarrasser comme rival. Politiquement, j'ai apprécié comment les rocardiens ont essayé de faire respirer le débat par une politique d'ouverture et d'unité nationale dont nous aurions bien besoin aujourd'hui encore. Est-ce que cela suffit pour être étiqueté à gauche ?

Passionné par le dossier néo-calédonien, j'ai admiré la façon dont les réseaux rocardiens ont éteint la quasi-guerre civile qui menaçait à vingt mille kilomètres de Paris. Un dossier que j'ai suivi de près, presque avec passion dès mon premier reportage sur ce caillou perdu dans le Pacifique Sud. Jean-Marie Tjibaou, le leader indépendantiste, m'appréciait quand Jacques Lafleur, côté loyaliste, se méfiait de moi.

Rocard, lui, a su leur faire signer la paix des braves au moment où le reporter que j'étais commençait à perdre la fameuse objectivité journalistique devant tant d'injustice.

Je ne cache pas que l'opposition Kanaks-Caldoches m'a souvent renvoyé à l'affaire algérienne. Même si la connaissance réelle de l'histoire de mon pays natal a été tardive, je sais que les conflits ne se comparent pas. Mais en Nouvelle-Calédonie comme en Algérie, une colonie de peuplement blanche et minoritaire a voulu imposer sa domination à la majorité autochtone. À Nouméa, on m'a longtemps reproché un reportage dans lequel j'évoquais la construction de la première véritable route est-ouest par l'armée. J'y faisais allusion à la situation algérienne, où là aussi le rapprochement des communautés passait peut-être par des voies de communication plus ouvertes. Ce reportage me sera reproché très longtemps.

Les loyalistes fidèles au rattachement à la métropole y ont certainement vu une provocation les renvoyant à l'époque de la colonisation de ce territoire par la France qui voulait en faire un bagne plus clément que Cayenne. Plus clément mais aussi plus lointain. C'est là-bas, à deux encablures de l'Australie, que furent exilés les révoltés de la Commune de 1871. C'est là aussi que Louise Michel fut déportée en même temps que les Kabyles qui avaient participé à une révolte anti-française en Algérie.

Autant de thèmes que mon reportage n'évoquait bien sûr pas mais le simple fait d'avoir rapproché l'histoire des deux territoires a suffi à faire de moi un dangereux ennemi de la France.

Bien plus tard, j'ai appris que mon reportage avait été visionné par des leaders anti-indépendantistes avant sa diffusion en France… Étant obligé de passer par le satellite de RFO – la télé publique d'outre-mer – pour envoyer ces images à Paris, je ne pensais pas qu'un journaliste de la station locale aurait le temps d'en faire une copie pirate ! Ayant raté sa vocation d'espion à la petite semaine, il essaie depuis de se refaire une virginité déontologique sur une chaîne internationale française. S'il se reconnaît, qu'il sache que pour moi il y a prescription dans son cas. Mais j'ai de la mémoire.

Alibi de gauche ? À cette époque, Rocard et Mitterrand se disputaient encore le leadership du socialisme français. Pendant l'un de nos voyages de retour d'une visite en Guyane, le Premier ministre m'avait raconté comment le jeune inspecteur des finances qu'il était en 1959 avait produit un rapport sur les camps d'internement en Algérie. « Des camps de la honte », où étaient regroupés des villages entiers pour tenter de les soutirer à l'influence grandissante des indépendantistes.

Ces confidences m'avaient marqué. Et avaient fait ressurgir de ma mémoire une photo : celle de François Mitterrand, alors ministre de l'Intérieur, qui débarquait en 1954 en hélicoptère dans les montagnes kabyles pour faire régner l'ordre. Qui était vraiment cet homme de gauche venu menacer mes aïeux ? Photo qui m'a subjectivement choqué. Mais pas au point de devenir un anti-mitterrandiste déclaré et encore moins affiché.

Récemment, j'ai appris par un ancien directeur de l'info que lui et moi avions été virés à quelques mois d'écart parce qu'on nous considérait, chez les conseillers de l'Élysée, comme des rocardiens. Claude Carré, que j'aime comme un père et qui me connaît bien, a autant ri que moi en me racontant l'anecdote sur un terrain de golf. On a ri, c'est vrai, mais on a ri jaune. Nous avions l'impression de n'avoir fait que notre travail et d'avoir subi un procès d'intention sans preuves. Bien sûr, vous n'êtes pas obligés de me croire sur parole. Pour ma défense, je conseille le visionnage du documentaire que j'ai réalisé sur Rocard vers la fin de son passage à Matignon pour « Envoyé spécial ».

Le titre : *Pilote ou co-pilote ?* Image tirée d'une séquence filmée pendant ce reportage dans les Hautes-Alpes où durant vingt-quatre heures le chef du gouvernement avait accepté que mon équipe de tournage le suive dans ses leçons de pilotage d'un planeur. Idée sous-jacente : un Premier ministre peut-il voler seul ou bien a-t-il besoin d'être tracté par son président pour décoller ?

Rocard aimait certainement trop le vol à voile et le silence sidéral qui enveloppe l'appareil quand l'élastique avec l'avion tracteur claque comme un fouet dans le vide. Mais avait-il vraiment envie de toutes les acrobaties qu'un homme politique doit tenter pour plaire au peuple ?

Après avoir vu le reportage en avant-première pour la presse, l'éditorialiste d'Europe 1 Catherine Nay m'avait glissé : « Vous l'avez ratatiné… » Les archives sont disponibles, faites-vous votre avis. Pour ma part, je n'avais qu'une ligne éditoriale : raconter ce que Rocard m'avait permis de voir de lui après l'avoir suivi plusieurs semaines en toute liberté. Sans parti pris positif ou négatif. D'ailleurs, après la diffusion de l'enquête, il ne me fera aucune remarque. Tout au plus, le Premier ministre, que je n'ai jamais tutoyé contrairement à ce qui se pratique chez de nombreux journalistes politiques, se permettait-il parfois quelques critiques à l'égard de la presse en général : « Vous m'observez comme un funambule en attendant que je tombe. » Réflexion qui m'aidera à chercher toujours la bonne attitude dans mon approche de ceux qui nous gouvernent. Je crois pouvoir dire qu'il y avait entre Rocard et moi un respect mutuel de nos fonctions dont je ne rougis toujours pas. Mais pas de quoi me coller une étiquette sur le dos.

Curieux d'ailleurs mais plus tard, l'estime que m'inspirait Raymond Barre n'a jamais fait de moi un alibi centriste !

Alibi de gauche ? J'ai encore dans les yeux le regard noir d'indifférence de François Mitterrand au sommet de la roche de Solutré alors que je l'interrogeais sur son choix de remettre une énième fois en débat le déjà fameux droit de vote des immigrés. Après ma question, dans un grand silence qui a gêné tous mes confrères partageant des tranches de saucisson avec le chien Baltik, le président avait tourné la tête sans un mot, attendant la question suivante. Cinglant.

Alibi de gauche ? Peut-être la gauche a-t-elle trop longtemps cru que les enfants d'immigrés avaient forcément des têtes d'alibis alors que de l'autre côté, les extrémistes voyaient plutôt des têtes de délinquants sans alibi.

J'avais promis de ne plus m'égarer, mais il y a des sujets sur lesquels mon épiderme reste sensible.

Lors d'une de mes colères froides au sein du collège du CSA réuni à huis clos comme chaque mardi, le silence s'est fait un matin quand je me suis entendu dire que je n'étais pas un supplétif. C'est ainsi que l'on appelait les troupes indigènes au temps des colonies. Les mots ayant un sens, je les avais choisis à dessein, connaissant l'histoire de France. Mais là encore je m'égare et redemande pardon. C'est la dernière fois. Peut-être la faiblesse des gens trop éduqués, cette peur de déranger : parfois ils réagissent de façon inattendue. Un trait de caractère que je dois certainement à mes ascendants qui cherchaient surtout à ne pas se faire remarquer dans la société française en débarquant dans l'Hexagone.

Alibi de gauche donc, je n'ai pas eu besoin de consigne de vote pour choisir le bulletin Chirac quand il fut opposé à Le Pen au deuxième tour de la présidentielle de 2002.

Ce sera l'un des seuls secrets de vote que je trahirai alors que je ne peux donc user de mon droit de citoyen que depuis 1992. Avoir observé la politique sans pouvoir glisser un bulletin dans l'urne a été un exercice très utile pour déconnecter mes opinions personnelles de mes analyses professionnelles dans l'exercice de mon métier !

Faut-il vraiment être encarté pour devenir Sage ?

Alibi de gauche ? Ma relation avec les politiques a toujours été distante ou plutôt équidistante du pouvoir et de l'opposition. C'est Paul Amar qui m'a aidé à trouver cet équilibre en me répétant : « Il faut plus se préoccuper de l'opposition parce qu'elle n'a pas le pouvoir… et que la roue tourne. » Cela ne signifie pas qu'il faille favoriser ceux qui n'ont pas le pouvoir : on doit juste les traiter de façon égale.

Au-delà de nos liens de naissance sur la terre d'Algérie, Paul et moi partageons un rapport sain avec la politique. Paul Amar, que l'on ne voit plus à la télé pour des raisons trop évidentes. Sa dernière émission, « Revu et corrigé » sur France 5, était l'un des rares rendez-vous que je ne ratais pas sur le petit écran. Lisez ce qu'il a écrit dans son livre *Blessures* sur les pressions des pouvoirs qui ont voulu l'écarter. Ou plutôt le faire dégager par des responsables de chaînes qui n'ont jamais hésité à faire la campagne de certains politiques. En se trompant souvent sur le choix des électeurs !

Blessures. Mon cher Paul, ce qui te blesse me fait saigner. Au-delà de l'éthique professionnelle qui nous lie, l'antisémitisme que tu dénonces m'est étranger. Tu m'as dit un jour que tu étais plus algérien que moi, parce que je n'aimais pas le foot… Sache que, souvent, je me sens juif ! Jamais je n'ai osé te le dire, même ce jour de février où nous nous sommes retrouvés à Auschwitz conviés par l'association Aladin qui prône le dialogue entre Juifs et Arabes. Nous étions transis de mort. Mais c'est une autre histoire, que nous écrirons ensemble : celle d'une France qui joue avec ses vieux démons.

Quand j'ai succédé à Paul sur le fauteuil de responsable de la politique intérieure en 1989, j'ai suivi ses conseils en refusant par exemple tout dîner avec les politiques. Le premier à me le proposer par l'intermédiaire de son entourage fut Valéry Giscard d'Estaing, qui n'a pas dû comprendre mon refus de partager une bonne table après 20 heures. À l'époque déjà, la connivence ne me convenait pas. Peut-être précurseur, j'affichais une réserve naturelle vis-à-vis de ceux qui nous dirigent ou aspirent à le faire. Je savais, pour l'avoir vue accompagner son père en voiture, l'existence de Mazarine. Pourquoi l'aurais-je raconté ? Quelle signification politique avait ce secret partagé par tant de journalistes ? Cet aveu ne me coûte pas car je n'ai pas le sentiment d'avoir trahi la confiance du public. Je n'avais pas une carte de presse pour rapporter des affaires privées et le spectacle des déballages d' « affaires » d'aujourd'hui ne me fait pas changer d'avis. Pour tout dire, un sentiment d'inquiétude m'envahit devant la décrédibilisation mutuelle à laquelle se livrent les deux milieux consanguins – les journalistes et les politiques – que j'ai observés de près pendant trente ans sans jamais avoir l'impression d'y appartenir.

Le moment le plus fort et le plus instructif de ces années restera le premier Conseil des ministres de la cohabitation version 1986 entre Mitterrand et Chirac. Chargé du compte rendu de cet instant historique, j'avais un peu triché avec le protocole en me glissant dans le salon Murat en compagnie de mon caméraman chargé d'immortaliser la scène.

Dans ce genre d'événement, les télés s'organisent en pool pour qu'une seule caméra filme rapidement les instants précédant la réunion. À charge pour l'équipe technique tirée au sort de distribuer ensuite gratuitement les images à toutes les chaînes. Le moment a duré moins d'une minute. Le temps pour la caméra de faire un plan large, deux travellings et quelques plans serrés.

Le silence dans la salle était sidéral. Pas un mot, tout juste le bruit de nos pas sur le parquet. Mitterrand tel un gisant assis, Chirac mâchoire serrée, Balladur en statue de cire, quelques ministres visiblement tétanisés. Puis l'huissier qui referme la porte sur nous. Et un regret de ne pouvoir assister à la suite pour en rendre compte.

Mais en même temps, la compréhension de n'être qu'un rouage dans cette machine infernale, et de la nécessité d'un mur de séparation entre décideurs et journalistes. J'y repense souvent en écoutant les émissions telles que « Médiapolis » sur Europe 1, qui analyse « comment les media pèsent sur la politique et comment les politiques essaient parfois de peser sur les media… ». Toute la subtilité des présentateurs Olivier Duhamel et Michel Field tient dans l'usage de l'adverbe « parfois » ! Pourquoi chercher à peser sur la politique ?

Eux comme moi ont connu l'époque où les élus considéraient que la presse était aux ordres et doivent constater que les temps ont fort heureusement changé mais que l'effet boomerang est un peu violent, non ? Que se passera-t-il quand les journalistes auront fini par imposer leur rythme aux élus ? La presse n'est-elle pas, aujourd'hui, en train de saper les institutions françaises au motif que des élus commettent des erreurs ? Pour que la presse reste un contre-pouvoir, il faut que le pouvoir existe. Quand le président de la République se précipite maladroitement pour réagir à l'affaire Léonarda dans les journaux de 13 heures, s'exposant à une contre-réaction en direct de la jeune Rom expulsée de France, à qui la faute ? Au chef de l'État, à l'opposition de droite et d'extrême gauche, à la pression médiatique, au chantage de la famille ? Un an plus tard, même les soutiens de la jeune fille n'ont plus de nouvelles d'elle et de ses parents qui avaient multiplié les mensonges sur leur nationalité. Un grand émoi sans lendemain qui a laissé des traces mais pas de vérité.

N'est-il pas l'heure, chers amis, de remettre le balancier au milieu dans les rapports presse-politique ? En attendant la réponse, sachez que le 17 mars 1986 – première cohabitation sous les ors de la République –, je ne cherchais pas à peser sur les politiques mais à jouer mon rôle : raconter l'Histoire. Ce jour-là, je ne me sentais pas plus proche de la gauche que de la droite et cette période de cohabitation m'a donné la possibilité d'avoir les coudées plus franches, comme beaucoup d'autres journalistes, je crois.

Qu'avons-nous fait de cette liberté supplémentaire depuis ? À l'époque Sarkozy, Jean-François Kahn disait que les journalistes aimaient lécher, lâcher, lyncher les politiques. Aujourd'hui, le triptyque se résumerait à trois quasi-synonymes : jeter, rejeter, éjecter...

Plus d'état de grâce désormais, la critique est systématique, destructrice. Que le pouvoir soit de gauche ou de droite… En attendant le rejet de l'un et de l'autre bord simultanément au profit de l'extrême ? Cet avis n'engage que moi.

Alibi de gauche alors ? Pendant toute la durée de mon mandat au CSA, j'ai évité de faire le procès inverse à mes collègues tous nommés par des élus de droite qu'ils connaissaient souvent pour avoir été proches d'eux.

Certains, comme Emmanuel Gabla, ont travaillé dans des cabinets ministériels libéraux. Christine Kelly, membre du collège nommée par Nicolas Sarkozy, avait même écrit un livre fort peu critique sur François Fillon avant d'arriver au CSA. Jamais je ne me suis permis de faire un procès en sorcellerie à mes collègues de l'époque. D'ailleurs, nous nous interdisions de parler politique pendant nos débats. Il n'empêche que pour la majorité des conseillers autour de la table, j'étais l'alibi de gauche – merci Mme Hidalgo – et il valait mieux se méfier de mes réactions.

Pas d'échanges politiques y compris durant les huis clos... sauf quelques allusions plus ou moins fines lorsque nous étions amenés à évoquer les temps de parole des hommes politiques sur les écrans et à la radio. Surtout à l'approche des échéances électorales.

Les services du CSA tiennent une comptabilité rigoureuse de ces interventions. Trop rigoriste, disent beaucoup de media. Chaque fois que la question a ressurgi à l'occasion d'élections, je me suis surpris à ne pas défendre forcément la position des journalistes qui trouvaient le décompte du CSA trop étouffant pour eux.

C'est un exercice intellectuel intéressant que de franchir le Rubicon. J'avais eu à respecter l'égalité des temps de parole côté journaliste, j'en découvrais les raisons profondes côté autorité. Avec au départ l'intention d'alléger le dispositif, mais à l'arrivée la conviction qu'un contrôle équitable de l'accès aux media des candidats aux élections ne pouvait pas être laissé à la seule responsabilité des rédactions. Mais pas non plus, paradoxalement, à l'appréciation des autorités contrôlant le bon déroulement du scrutin ! Le bon système reste à inventer. À cela, une raison : le souvenir du deuxième tour de la présidentielle Mitterrand-Chirac en 1988.

Chargé de suivre le président sortant, j'envoie à 20 heures de Toulouse mon reportage sur le dernier meeting de Mitterrand. À 20 h 30, le directeur de la rédaction, Elie Vannier, me fait savoir que Chirac a parlé en direct de la place de la Concorde plus longtemps que prévu. Il faudrait donc que je donne plus de temps au candidat de gauche dans le dernier journal diffusé quelques minutes avant la fin officielle de la campagne.

Comment introduire un extrait de trois minutes de temps de parole dans un reportage d'une minute trente ? Le ridicule de la situation me laisse sans voix aujourd'hui encore.

Ni alibi, ni supplétif

Pour dire vrai, l'affaire des temps de parole m'a peu occupé et ne m'a pas vraiment passionné pendant mes six ans au CSA. Les plus anciens conseillers en charge de la question, notamment ceux en provenance du Conseil d'État, étaient plus naturellement intéressés par l'arithmétique politico-électorale que moi, mais je n'y voyais aucune volonté de tricher ou de favoriser un camp. Pas de parti pris de leur part. Pas de procès d'intention de mon côté. Même quand un politique a débarqué au Conseil, venant directement du Sénat et nommé par le président de la Haute Assemblée car il était en fin de mandat. Son point de chute fut donc le CSA, ce qui fit jaser.

L'opposition de gauche n'a pas manqué d'y voir « une tentative de politisation du CSA », comme l'a déclaré la sénatrice Catherine Tasca ; « une décision qui amène à nommer des gens qui ne sont pas spécialement reconnus comme spécialistes de l'audiovisuel », ajouta le député Patrick Bloche chargé au PS des questions touchant aux media… Si j'aimais le petit-lait, j'en reprendrais bien un grand pot. Moi, l'alibi…

Mais mon expérience personnelle me retient de toute accusation politicienne hâtive. Je n'ai donc pas reproché à l'ancien parlementaire Nicolas About d'être centriste et parachuté. Non, jamais. Ce qui importait à mes yeux était l'approche républicaine que l'on a – ou pas – en arrivant chez les « Sages ». Tant pis si cette attitude semble boy-scout. Les rares occasions où les masques tombaient, le louveteau savait montrer les dents et mordiller s'il le fallait.

Pourquoi tient-on absolument à ce que les membres du CSA, comme beaucoup d'autres personnalités désignées par le pouvoir dans des administrations indépendantes, soient forcément encartés ? Ou en tout cas soupçonnés de l'être, sans l'assumer, ce qui est pire. J'aurais subi moins de reproches si j'avais affiché un engagement politique. Mais j'ai toujours gardé mes opinions pour moi, afin de préserver le secret de mon vote.

Est-on obligé d'appartenir à un clan pour entrer au CSA ? J'ai essayé de répondre négativement à cette question pendant mon passage chez les « décideurs ». Il me semble que l'on peut être indépendant, membre du CSA et honnête. Être serviteur de l'État ou, mieux, de la nation pendant quelques années et ne pas en chercher un bénéfice autre que la conviction d'avoir été un peu utile.

C'est exactement ce dernier sentiment que j'avais éprouvé en quittant mon travail à France 2 en 2007. Pourquoi ai-je aujourd'hui une sensation différente après mon mandat au CSA ?

En tout cas, moins que jamais, on ne pourra dire que je suis un alibi de gauche puisque celle-ci est aujourd'hui au pouvoir et que je n'ai bénéficié d'aucun coup de pouce de la part de mon supposé camp depuis que je suis sans activité professionnelle. L'intéressant pour un esprit indépendant serait que je puisse reprendre tout ce raisonnement par l'absurde avec la question inversée : un alibi de droite ? Moi ?

Que puis-je ajouter pour ma défense ? Votre « honneur », quel délit ai-je commis pour avoir besoin d'un alibi ? Ou d'en être un ? Accusé, acquitté ?

– 3 –

VOYAGE EN TERRE INCONNUE

Première journée au Conseil pour la distribution des portefeuilles. L'aréopage est hétéroclite mais attirant intellectuellement.

Des membres du Conseil d'État, une énarque, des productrices, une réalisatrice, un ancien journaliste créateur de chaînes d'info et moi et moi et moi. Les échanges sont souvent riches et j'essaie de trouver ma place en me situant sur le terrain strictement professionnel. En six ans, par le jeu des renouvellements, je connaîtrai trois collèges très différents. Autant fâcher tout de suite, souvent je me suis senti plus proche des membres venus d'ailleurs que de l'audiovisuel. Leur ouverture d'esprit est plus grande.

Les journalistes, eux, ont un peu tendance à régler au CSA leurs petits comptes d'avant. J'entends déjà le chœur des vierges : « Et lui, que fait-il avec ce livre ? » Audiard au parloir : « Je balance pas, j'évoque. »

La montée au CSA

Plus sérieusement, pour l'instant, comment entreprendre ce « voyage en terre inconnue » et prendre en main des dossiers de haut vol sans sembler planer ? Gestion de la ressource radioélectrique, concurrence, dossiers européens, règlement des conflits, pluralisme politique… plus d'une vingtaine de groupes de travail à se répartir entre neuf membres. Le week-end précédent, j'ai fait un tour sur le site Internet du CSA pour découvrir l'organisation de ce nouveau monde puisqu'on ne m'en a pas fourni le mode d'emploi. Le jour de la distribution des fonctions, je comprends que l'essentiel a été réglé en coulisse et au bénéfice de l'ancienneté.

Comme les bureaux d'ailleurs, côté Seine pour les anciens. Pas de problème, je m'installe côté Paris avec un panorama infini sur le XVe arrondissement où j'ai toujours vécu depuis mon arrivée dans la capitale. Le contrechamp de ma vie. Le silence de cet horizon et la vue de ces immeubles façon carton-pâte m'inspirent une grande solitude et une crainte de rupture avec la réalité. Si j'avais été Rastignac, j'aurais apprécié de dominer de si haut l'immeuble de France Télévisions. Ce n'est pas le cas. Je ne suis pas non plus le comte de Monte-Cristo cherchant à se venger. Je ne suis pas un héros de roman.

Pour meubler son bureau, le conseiller a droit à un catalogue de fournitures et à l'accès à une annexe du Mobilier national. Par souci d'économie, je garde les fauteuils verts – et la moquette de la même couleur – de l'ancienne réalisatrice Michèle Reiser – pas superstitieuse – qui passe côté Seine après avoir failli être démise par ses petits camarades lui reprochant une fuite dans la presse.

Moi, j'ai déjà droit à un écho du *Canard enchaîné* ! Je me serais plaint de ne pas voir la Seine et le pont Mirabeau. Ah bon ? Qui a intérêt à essayer de me déstabiliser dès mon arrivée ? Je l'ignore toujours mais je sais comment le volatile entravé par des chaînes trouve ses infos : en interne. Je réponds par une facétie silencieuse en installant une mini-tour Eiffel en plastique sur le rebord d'une fenêtre. Le seul à avoir une telle vue.

Mon unique « luxe » en arrivant : le tableau que j'ai choisi de me faire prêter, une allégorie de la liberté de la presse représentant Walesa et Gandhi regardant une caméra à double objectif. La vérité n'est souvent qu'une simple question d'angle de vue.

Tableau qui devra être rendu en même temps que le téléphone et l'ordinateur portables. L'Administration, même indépendante, ne plaisante fort heureusement pas avec les deniers de l'État. Ce qui ne l'empêchera pas de se tromper pendant six ans sur ma rémunération. À mon détriment. Jamais mon salaire ne correspondra au chiffre indiqué dans mon trousseau d'accueil : un grand classeur dans lequel figurent toutes les informations relatives aux droits et devoirs d'un membre. À la fin de mon mandat, le CSA plaidera une erreur administrative pour ne pas régulariser ma situation financière. Encore un « détail » mal communiqué à mon arrivée. Un avant-goût du casse-tête juridique qui m'attendra après ma mission.

Dans l'immédiat, première leçon pour le néophyte : attention à radio rase-moquette dans les couloirs couleur néon. Tout le monde m'interroge. « Non, la télé ne me manque pas ! » Plusieurs mises à l'écart dans ma carrière m'ont vacciné contre l'absence de caméras. Si cela vous intéresse, je vous dévoilerai à l'occasion la vie dans un des placards de la télé. Promis !

Mais le CSA n'est pas un placard. C'est une autorité de régulation voulue par les politiques qui depuis 1981 ont créé la Haute Autorité et son avatar la Commission nationale de la communication et des libertés, la CNCL, qui ne s'est pas illustrée par son bilan.

Le CSA a su redevenir le lieu où se prennent les décisions stratégiques majeures pour l'industrie audiovisuelle et la liberté de communication. Pourquoi refuserais-je cette chance de réfléchir après avoir tant agi et bourlingué ? Mais vais-je m'ennuyer, enfermé dans un bureau de ministre ?

D'ailleurs, que peut bien faire un membre du CSA de ses journées ? J'avais été prévenu en arrivant : pas d'horaires mais pas de congés fixes non plus sauf au mois d'août quand les télés sont elles-mêmes en vacances.

Une seule obligation : la réunion plénière du mardi dont la durée varie suivant le programme établi par la direction générale des services. Le reste de la semaine, il vous appartient de fixer le jour et les horaires des groupes de travail que vous allez diriger. Mon portefeuille d'attribution est bien rempli. Lundi : radio. Mardi : réunion plénière. Mercredi : déontologie. Jeudi : affaires internationales ou mission sport et le vendredi : diversité et outre-mer.

La charge de dossiers est loin d'être équitable entre conseillers mais je m'en fiche. Je suis là pour travailler et surtout apprendre. Certains membres du Conseil y sont en demi-pension, un temps plein pour moi.

Le décorum est solennel, chacun est placé en fonction de son ancienneté et, théoriquement, on ne prend la parole qu'après l'avoir demandée. Au fond de la salle, les services du Conseil, qui comptent un peu moins de trois cents personnes. Des fonctionnaires ou des contractuels rattachés à différentes directions : affaires juridiques, dossiers technologiques, direction des programmes... En fonction de ses attributions, le conseiller réunit les services concernés par le dossier à traiter. Il me faut dire qu'à de rares exceptions près, j'ai travaillé avec des gens plus jeunes que je ne l'imaginais de l'extérieur et surtout très conscients de leur importance dans leurs domaines respectifs.

J'en ai regretté de nombreux en partant. Ils m'ont toujours appelé « monsieur le conseiller », ce qui me faisait me retourner pour savoir à qui ils parlaient avec tant de révérence. Moi, je me suis toujours adressé à eux en les appelant par leur prénom. Trois d'entre eux seulement ont osé la réciproque vers la fin de mon mandat.

Sans entrer trop dans le détail, il y a une différence entre les dossiers techniques et les sujets de fond. Sur les premiers, vous êtes attendu gentiment au tournant car la technicité des dossiers est déstabilisante au début ; sur les seconds votre marge de manœuvre est plus large et votre compétence entendue avec respect. Et vos points faibles sont considérés avec indulgence. Je n'ai jamais caché aux « petites mains » très laborieuses et efficaces du CSA mon peu de goût pour les questions juridico-administratives et ils ont su me parler avec des mots intelligibles. Muets comme des carpes, ils savent tout sur les dysfonctionnements de la maison ainsi que les manies des autres conseillers et leurs défauts mais il faut beaucoup de doigté pour leur arracher un début de jugement... et encore plus si l'on veut leur avis sur un dossier. Trop prudents. Un seul d'entre eux osera sortir de sa réserve pour m'aider à gérer un sujet sensible. Il se le verra reprocher par la nouvelle équipe après mon départ.

Les réunions de travail sont à géométrie variable : celles qui traitaient des questions du sport à la télé ressemblaient à des rencontres entre copains qui se vouvoient, celles concernant la radio numérique m'ont valu d'être un grand consommateur d'aspirine.

Cependant au CSA, comme certainement dans un ministère, on n'attend pas de vous que vous sachiez tout mais plutôt que vous ayez une capacité d'analyse rapide et surtout une vision globale.

Chaque semaine, lors du conclave qui regroupe tous les membres en réunion plénière, j'ai ainsi présenté des dossiers préparés avec les services pour les faire adopter après débat. Chaque sujet est suivi d'un vote, souvent à main levée, et le tout est consigné dans un procès-verbal que tous signent quand ils sont présents. Plus tard, je découvrirai les scrutins à bulletins secrets réservés aux grandes décisions stratégiques.

Tous les conseillers disposent à partir du lundi de tous les dossiers préparés par les autres « Sages ». Libre à eux de les consulter en amont ou de les découvrir le jour de leur présentation. J'ai appris à tout assimiler en amont, cherchant ensuite à aller à l'essentiel.

Mais j'aime l'oral et certaines présentations de dossiers compliqués étaient passionnantes et enrichissantes. Enfin, surtout les premières années. Par la suite, en fonction des arrivées et des départs, et de la qualité intrinsèque des conseillers, cela tournait de plus en plus à un mélange de bras de fer, de faux-semblants ou d'indifférence. À la fin, c'était parfois même proche du café du commerce… Patience, j'y viendrai.

Le petit Chose

Retour au huis clos du premier jour. Heureusement, le secteur de la déontologie ne semble pas passionner mes nouveaux camarades de jeu. Bizutage ? La radio c'est pour les bleus. Va pour la déontologie et la radio.

Ça tombe bien, je passe une partie de la journée et de la nuit branché sur un des douze appareils de radio installés à la maison. Mais on me conseille également de prendre à bras-le-corps un dossier technique… la radio numérique.

Le plus beau défi et le plus grand cauchemar de mon mandat : difficultés technologiques, atermoiements des grandes stations et des petits syndicats, attitude fuyante des pouvoirs publics alors que la numérisation de la radio est prévue par la loi ! Tous les ingrédients sont réunis pour un magnifique gâchis que j'essaierai de résumer pour vous expliquer comment un grand chantier d'importance nationale se transforme en bourbier.

Par ailleurs Michel Boyon, le nouveau président du CSA, veut créer un groupe de travail sur la diversité dans les media. Tous les regards se tournent vers moi bien sûr. C'est pourtant tout ce que j'ai refusé de faire pendant ma carrière de journaliste : être le porte-drapeau d'une communauté. Qu'à cela ne tienne, Boyon et mon collègue Alain Méar, qui va porter le projet avec moi, se montrent convaincants : « Pourquoi pas toi ? » Dit comme ça, comment refuser ?

Alain sera à mes côtés pendant six ans pour m'aider à comprendre comment, avec des textes juridiques existants et surtout une grande dose d'imagination, on peut fabriquer des outils pour mesurer la diversité sans enfreindre la loi qui interdit le comptage ethnique. Et surtout comment on peut enfin faire évoluer les mentalités.

Le conseiller Méar m'a d'abord appris une méthode de travail, une rigueur dont ne sont pas forcément dotés beaucoup de journalistes dès que les dossiers sont complexes. Alain est devenu un proche au gré des réunions de travail et des armures qui se fendaient… Il paraît que les Celtes et les Berbères se ressemblent. Alors ils s'assemblent. C'est aussi ça, la diversité. Je le revois régulièrement avec un plaisir intellectuel rare et le sentiment d'avoir partagé avec un être venu d'un autre monde que le mien une cause juste. La défense de valeurs qui réunissent. Le CSA m'a offert un vrai ami.

Tous les autres conseillers ont disparu du jour au lendemain de mon horizon, y compris le président du CSA avec qui j'avais développé une réelle complicité. Pour la plupart, ce fut sans regret de ma part. D'ailleurs aucun n'a pris de nouvelles depuis mon départ. Mais toi, monsieur le président ?

On m'a bien expliqué dès le début que le président du CSA n'est pas mon supérieur hiérarchique. *Primus inter pares* : premier entre ses pairs – car j'ai amélioré mes rudiments de connaissances latines au Conseil –, le président Boyon m'a fait partager sa gourmandise devant les interprétations d'un article de loi indigeste à la première bouchée.

En le quittant, pendant la cérémonie de fin de mandat, et après un discours où j'avais glissé quelques mots en kabyle, j'ai remercié Michel Boyon de m'avoir un peu familiarisé avec sa langue maternelle – je veux dire celle des juristes, ce que j'appelais le *Dalloz illustré*. Dommage que nos échanges linguistiques en soient restés là. Michel, complice de mes jeux de mots et calembours d'une autre époque qui ne faisaient rire personne d'autre que toi en pleine réunion ; Boyon, grand commis de l'État, ancien directeur de cabinet de Jean-Pierre Raffarin, ancien P-DG de Radio France et désormais ex du CSA.

Un grand connaisseur de l'audiovisuel, un très bon président, qui a disparu de mon écran radar dès la fin de l'aventure. C'est peut-être aussi ça, la haute fonction publique : loin des yeux…

Pourtant Michel, tu aurais aimé réfléchir sur un joli cas d'espèce. Une jurisprudence comme vous dites, vous les hommes de loi. Toi, le grand commis de l'État, toi, l'amoureux du juridique devenu avocat : que doit faire un journaliste que l'on va chercher au nom de la République et à qui l'on interdit ensuite de travailler au nom de la loi ? Moi, je n'ai pas compris, malgré six ans à apprendre à lire les textes. Et pourtant tu m'assurais ne te faire aucun souci pour mon avenir après le Conseil… Bon, il t'arrivait donc de te tromper. Merci pour le moment mais si tu reviens, j'annule tout !

Au-delà des hommes, bilan de mes années CSA ? Un engagement complet de ma part, des réflexions professionnelles prolongées grâce aux pouvoirs réels d'une autorité d'agir sur le cours des choses. Reste une interrogation à la lumière des mauvais procès qui m'ont été faits pendant mon mandat : fallait-il refuser de prendre en charge les dossiers « journalistiques » pour ne pas être accusé de conflit d'intérêts ? Mais dans ce cas-là, quelle raison d'avoir fait appel à moi ?

*
* *

Pour la première fois depuis bien longtemps, un journaliste entrait au CSA, chargé notamment d'intervenir sur les affaires de déontologie : les bavures, les erreurs des télés et des radios concernant l'information ou les programmes. Qui mieux qu'un praticien de l'info pouvait inspirer de la confiance aux journalistes, avoir du crédit pour les rappeler à l'ordre si nécessaire, et réfléchir avec eux sur de meilleures pratiques ?

Quelle plus-value aurais-je apporté au Conseil si je ne m'étais occupé que des campagnes contre la malbouffe sur le petit écran, du pourcentage de fictions françaises à la télé ou de la défense de la langue française dans les media ? Autant de compétences de l'autorité de régulation sur lesquelles je n'avais justement pas de connaissances particulières. Et pas la prétention de révolutionner les habitudes. Sur le journalisme, ma carrière militait en ma faveur et fut bien accueillie par la presse jusqu'à ce que je prenne mon rôle très au sérieux… Trop ? Plus tard, il se trouvera des mauvais coucheurs jugeant que je pouvais être en porte à faux en accomplissant ma nouvelle tâche. Ai-je eu tort d'accepter ce voyage en terre inconnue ?

– 4 –

SECRETS D'HISTOIRE

Après quelques mois seulement au Conseil, il serait prétentieux de dire que j'ai trouvé mes marques. Mais les nouvelles habitudes de travail s'installent avec un nouveau lexique et même une nouvelle grammaire : découverte du travail collégial, toujours difficile pour un journaliste par nature solitaire… À la télé, on décide vite, au CSA, je comprends la nécessité de la réflexion avant l'action. Premier test en binôme avec Alain Méar sur le dossier radio. Apprentissage de la gestion des longues réunions du lundi pour dessiner la carte des innombrables radios qui font la singularité du paysage radiophonique français. Le stage intensif d'initiation à la propagation des ondes n'est pas encore tout à fait assimilé mais j'aime ces heures passées à parcourir les routes en mégahertz et modulation de fréquence ! Comme lorsque j'étais journaliste ou simple touriste amoureux des régions de France, scrutant du regard là où commençait un paysage et où finissait l'autre. Tout ce que j'ai appris à la lecture de Fernand Braudel prend soudain une allure concrète. La géographie et la sociologie comme des alliées pour comprendre la France, ce pays que j'aime déguster au sens de le croquer.

De Braudel, j'ai retenu les concepts de l'histoire des civilisations et surtout des « mouvements de longue durée » en opposition aux faits événementiels. Ça tombe bien, pour la première fois de ma carrière, je sais que j'ai du temps devant moi pour mener un travail, qui plus est d'intérêt général. Je suis là pour six ans avec l'intention d'aller au bout. Fini la télé et ses fauteuils éjectables.

Parmi mes passions cachées, l'amour des cartes de l'Institut géographique national. Et c'est avec ces cartes de l'IGN que nous travaillons désormais sur notre nouveau chantier : Alain le géomètre et Rachid le saltimbanque vont vite s'enrichir en échangeant leurs rôles. Où faut-il autoriser une radio d'info plutôt qu'une station musicale ? Une vraie mission, aussi importante que de présenter un journal. Un véritable travail d'aménagement du territoire par radios interposées. Notre credo : ne pas freiner l'expansion des grands groupes mais porter une attention particulière aux « petites » stations locales qui jouent selon moi le rôle de réseau social avant l'heure, avant Internet. Il faudra vraiment que je vous parle de mon rapport amoureux à l'antique transistor devenu un media moderne qui fleure toujours bon le terroir français mais aussi l'ouverture sur le vaste monde.

La déontologie de l'info : honnêteté ou rigueur ?

Intuitivement, j'ai compris que j'étais surtout attendu sur le dossier de la déontologie. Un critère me guide : étudier chaque affaire, erreur ou dérapage, presque comme un cas isolé. Ne pas avoir de cadre, même si les textes prétendent avoir tout prévu. Je déteste par exemple la notion de manquement à l'« honnêteté de l'information » inscrite dans la loi. Persuadé que l'immense majorité de mes anciens confrères ne cherchent pas sciemment à tromper l'auditeur ou le téléspectateur, je préfère attirer leur attention sur les risques que fait apparaître l'accélération incontrôlée des moyens d'information et je me réfère plus souvent à la notion de « rigueur » de l'information. Je proposerai même que la loi soit rectifiée : « Excellente idée », m'a-t-on dit là-haut. J'attends toujours. Honnêteté ou rigueur ? La distinction peut paraître subtile mais elle me permet de mieux utiliser la gamme des interventions prévues par les conventions du CSA : mise en garde, mise en demeure, sanctions pécuniaires…

Je découvre que le gendarme – que je n'arrive pas à devenir parce que les képis me serrent trop le cerveau – peut faire autre chose que distribuer des contraventions qui finissent dans le caniveau : il peut expliquer le code de la route.

La vraie victoire est de pure forme mais visible : faire en sorte que le CSA n'instruise plus les dossiers de déontologie pendant des mois mais intervienne de façon plus réactive tout en laissant le droit « à la défense ». C'est ma première leçon de loi : le jugement à l'emporte-pièce n'a pas lieu d'être dans le cénacle qui m'accueille. Réfléchir avant d'agir. Mais ne pas tergiverser trop longtemps quand même.

L'air de rien, arrêter malgré tout des décisions plus rapides était une petite révolution dans un domaine où l'autorité était fréquemment accusée de trop prendre son temps. D'ailleurs, je serai le premier à publier chaque année un bilan des interventions du Conseil en matière de déontologie. Ces documents publics visibles sur le site du CSA montrent l'évolution de son action déontologique pendant six ans : de plus en plus de saisines, pas forcément une plus grande sévérité. Ma volonté de transparence.

En émigrant tour Mirabeau, je perds le droit d'avoir une carte de presse mais l'ancienne, numérotée 44319, reste dans mon portefeuille. Comme celle du CSA, elle est barrée de tricolore et cela a du sens pour moi. On n'offense pas les couleurs d'un emblème. Mais je perds mon totem : je ne suis plus journaliste.

À mon arrivée au CSA, les mauvais esprits – ou les jaloux – cherchent forcément dans mon passé professionnel une entorse à la rigueur voire une infraction. Un matin, dans une émission présentée par Pascale Clark sur France Inter, mes anciens confrères essaient de me mettre en difficulté en rappelant qu'une de mes équipes a eu recours à une caméra cachée dans un commissariat du XVIIIe arrondissement quelques années plus tôt.

Désormais, je sais me défendre parce que j'ai appris les textes à force de les entendre de la bouche de ceux qui les connaissaient avant moi, voire qui les ont écrits. D'après les textes, dissimuler une caméra est autorisé lorsque le journaliste a tout d'abord essayé d'obtenir l'information par les voies traditionnelles. C'était le cas de l'équipe qui travaillait pour moi.

En caméra visible, les policiers du commissariat affirmaient que tout allait bien dans le quartier ; en caméra cachée, on entendait les mêmes fonctionnaires parler du trafic de drogue contre lequel ils ne pouvaient plus lutter. Désolé, mais nous avions fait notre boulot en respectant les règles.

De plus en plus à l'aise pour traiter toutes les plaintes concernant la déontologie de l'information, je découvre également la portée de mes décisions. On me craint ! Arme à double tranchant.

Autre surprise : on ne peut imaginer à quel point le CSA n'a pas besoin de suivre tous les programmes, les dénonciations arrivant toutes seules et souvent de la part des concurrents ! Ou d'Internet qui traque la moindre bavure.

Je suis plus circonspect sur les dérapages dans les émissions dites d'humour qui surfent sur l'actualité, quitte à frôler les interdits en matière de racisme ou de dignité humaine. Souvent saisi concernant les Guignols de Canal ou l'émission de Ruquier sur Europe 1, j'avoue avoir eu du mal à trancher. Même différents, les deux programmes ont en commun de se servir de l'actualité pour en rire. Difficile de savoir quand des marionnettes ou des chansonniers vont trop loin. Un épisode personnel m'a amené à prendre de la distance. Un soir, dans ma voiture, j'entends à la radio Pierre Bénichou s'amuser de mon nom : « Rachid Arhab, c'est un pléonasme… » Sur le siège arrière, mon petit champion et un de ses copains, âgés alors de moins de dix ans, me demandent ce qu'est un pléonasme. Ayant bredouillé une réponse rassurante, je ravale ma colère de grande personne. D'une certaine façon, c'est alors que j'ai choisi de sanctuariser le registre de l'humour en n'intervenant pas, même si cela m'a parfois coûté. Seule frontière que je ne laisse pas franchir : l'incitation à la haine raciale. Pas question d'en rigoler. Desproges nous manque de plus en plus pour définir le droit de rire.

En matière de déontologie pure, mon obsession : trouver la bonne distance, ne pas être juge mais simplement juste. Exercice qui nécessite une remise en cause permanente de ses certitudes. Pendant mes dernières années de journalisme actif, j'avais déjà pris de la distance avec le métier ; mon émission dominicale sur France 2 m'avait depuis longtemps éloigné de la rédaction et de ses petites querelles d'ego.

Les chausse-trappes du métier

Lorsque j'ai été mis sur orbite au CSA, cela faisait en réalité déjà sept ans que j'étais « satellisé » au sens propre comme au sens figuré. L'équipe de « Rendez-vous » était exilée dans une annexe lointaine et anonyme de France Télévisions. Vécu comme une punition ou une vexation au moment où il a fallu quitter le bâtiment-paquebot du XVe arrondissement, cet exil s'est très vite révélé bénéfique. Plus de hiérarchie, sauf financière : ma petite entreprise a travaillé dans la bonne humeur « à l'abri » des murs bien gris où le salpêtre menaçait.

Nous étions déconnectés des intrigues qui couraient les travées du *Titanic* ou plutôt d'Alcatraz, pour reprendre l'image que nous avions du siège de la télévision publique dont le hall d'entrée m'évoque toujours la privation de liberté. Une prison, un hôpital de jour, dont les occupants regardaient les extérieurs, persuadés peut-être de se sentir plus libres, comme les aliénés qui interpellent les passants sains d'esprit de l'autre côté du mur.

Pour définir ce que j'éprouvais au moment où j'étais malgré tout obligé de traverser cette zone interdite, je pensais au canard qui continue de courir après avoir eu la tête coupée. Impression devenue définitive le 11 septembre 2001 quelques minutes après les attentats du World Trade Center. Un ami réalisateur du journal télévisé m'a raconté ce jour-là qu'à la vue des tours de Manhattan s'effondrant, un journaliste avait sauté sur son bureau pieds joints en criant « génial ». Tellement la nausée que je n'ai même pas eu envie de vérifier l'information auprès de l'intéressé qui depuis a fait une belle carrière et s'est apparemment assagi.

Loin du siège, loin de la cour, « Rendez-vous » représente les plus belles années de ma vie professionnelle avec celles passées au sein de l'émission « Géopolis » à observer le monde loin de la pression de l'actualité chaude et si vite oubliée.

Avec « Géopolis », j'ai pris le train en Inde aux heures de pointe, je me suis ennuyé dans les rues vides de Koweït City six ans après l'invasion irakienne, j'ai sillonné Berlin bien après la chute du mur et, au-dessus du fleuve Orénoque au Venezuela, j'ai vu le plus beau spectacle de ma vie : un cheval gris sauvage... Profession extraordinaire qui vous ouvre toutes les portes, artisanat devenu industrie, métier de voyous jadis pratiqué par des gentlemen. Je sais, on dit ça aussi du grand banditisme !

Ce journalisme à froid ne se pratique plus guère que dans des documentaires diffusés fort tard. Plus leur programmation est reculée, moins ils sont regardés. Facile alors pour les responsables d'antenne d'affirmer « qu'ils ne rencontrent pas leur public », pour reprendre une formule que je déteste.

C'est au placard que j'ai découvert cette pratique honteuse : éloigner les présentateurs ingérables en les noyant au fond des grilles de programmes. Le placard ? J'avais promis de vous y faire entrer. Suivez le guide.

Placard sans naphtaline

Mi-août 1992 : en pleines vacances, je suis convoqué par le nouveau directeur de l'info de l'époque. Chef du service politique de France 2 depuis plus de deux ans, j'ai profité de l'été pour finir de préparer le référendum sur Maastricht prévu en septembre. La France politique est divisée au sein même des partis traditionnels. Le traité sur l'Union européenne est loin de faire l'unanimité et l'opinion semble de plus en plus hésitante. Peut-être est-ce la raison pour laquelle il faut mettre les media en ordre de bataille pour que le « oui » l'emporte. Visiblement, je ne suis pas un rouage sûr pour une telle mission.

Chemise ouverte sur son torse velu, le directeur m'explique, le 14 du mois, que je devrais évoluer dans ma carrière… J'avais déjà compris qu'il cherchait à me virer ! Un poste de correspondant à Moscou ou Tunis (!), une place de rédacteur en chef à « Télématin », la tête du service étranger pourquoi pas ?

C'est clair, il faut faire de la place à Arlette Chabot qui attend à France 3 que mon fauteuil se libère. Le 17 août au matin, celui que j'appelais le leader minimo de l'information n'attend pas le résultat de mes réflexions. Il débarque en conférence et me débarque en deux phrases. Toute mon équipe quitte la salle où nous préparions le menu du 20 heures. Malgré la fronde, je fais mes cartons dans l'après-midi en laissant sur mon bureau un petit mot : « ceci est le bureau de Rachid Arhab, merci de le respecter… le bureau bien sûr » !

Le lendemain matin, le bureau trônera dans le couloir. Il faudra plusieurs semaines pour qu'on lui trouve de la place dans un réduit près des toilettes où je m'installe. Voilà pourquoi on appelle cela un placard, parce qu'on y range normalement les balais et les serpillières. Placard que je partagerai avec Philippe Rochot, grand reporter de guerre aussi talentueux que taciturne, qui vient d'être retenu en otage plusieurs mois au Liban.

Dans notre « bureau » commun, les silences étaient plus nombreux que les mots. Mais face à ce qu'il venait de vivre, je n'osais pas me plaindre. Je trouvais tellement inouï le peu d'attention psychologique de nos « patrons » à son égard.

Chabot non plus n'a pas le temps de faire des phrases ou de me faire un petit signe, elle qui, cinq ans plus tôt, m'avait proposé de devenir son adjoint sur TF1 où elle officiait alors.

Tout était réglé, rendez-vous avec le DRH de la chaîne récemment privée, entretien avec la directrice de l'info Michèle Cotta, l'affaire était faite. Enfin, pas tout à fait. Il semblerait que mon arrivée n'ait pas plu au syndicat majoritaire dans la nouvelle maison Bouygues.

C'est ce qu'on appelle de la cogestion. Plus de tapis rouge, on ne me prend plus au téléphone, j'ai compris.

Des forces syndicales ou politiques peuvent donc s'opposer voire s'imposer à une direction de l'information. Bon à savoir. Mais une bonne info se vérifie.

Cela viendra plusieurs années plus tard par la révélation d'une note confidentielle signée par le directeur de cabinet d'Edouard Balladur à Matignon. Nicolas Bazire avait produit un document censé rester secret dans lequel les mérites de Chabot étaient comparés aux miens. Note étrangement sortie des archives après mon arrivée au CSA et qui ne laissait pas de doute sur le bon choix à faire pour France Télé. Surtout pas moi !

« Bon choix madame », pour reprendre l'accent chuintant et distingué de VGE imité par Le Luron se moquant du président descendu de son château d'Estaing.

Bizarrement, bien après la période interventionniste façon Giscard, peu de monde s'est étonné qu'en 1993 un Premier ministre ait pu dicter son « souhait » à une chaîne du service public.

J'en conclus donc qu'un an plus tôt, un autre chef de gouvernement avait eu la même démarche pour m'écarter. Ce dernier était de gauche, l'autre de droite. J'y vois prétentieusement un brevet d'indépendance.

Puisque cette parenthèse est presque fermée, constatons que pour la première fois en 2012, une alternance politique s'est faite sans changements à la tête de la télévision publique ! Si, si ! Pas de nouveau président, pas de nouveau directeur de l'info. Trop rare pour ne pas être objectivement souligné, un bon point pour l'actuel chef de l'État qui en a bien besoin. Mais ne serait-ce pas parce que les placards de la télé publique sont si pleins qu'on n'ose plus les garnir ?

Une pensée amicale au passage pour Claude Sérillon, recordman de France en matière de placard ; dernière mise à l'écart après une interview de Jospin Premier ministre. En acceptant d'aller à l'Élysée sous Hollande, Claude a compris comme moi que le sérail est fermé aux « intrus ».

Pour ma part, placardisé à deux reprises sous un gouvernement de gauche, j'avais intégré dès le premier incident de parcours de ma carrière qu'on pouvait être écarté sans mettre les deux genoux à terre.

Après mon éviction du 13 heures en 2000, l'expérience précédente m'aidera à ne pas subir les événements. Je propose à l'époque de créer ma propre émission, « J'ai rendez-vous avec vous », dans des conditions qui vaudront le coup d'être racontées. Mon premier titre était « Vive la politique ! » mais ça ne plaisait pas à la hiérarchie. Elle avait peur de faire fuir le public, moi je savais déjà que rapprocher les électeurs des élus serait un enjeu majeur à l'avenir. Ne pas avoir raison trop tôt.

Avec « Rendez-vous », j'ai appris le contact direct avec le public, la réalité du pays et non sa réduction fantasmée dans un journal de trente minutes tricoté par des rédacteurs en chef qui n'ont plus mis les pieds en France autrement que pour visiter la grand-tante à la Toussaint. Pardon aux rares exceptions à cet axiome. Déjà en arrivant à Antenne 2 qui était installée avenue Montaigne, je regardais de mon bureau le ballet des belles voitures devant le palace d'en face en me demandant comme on pouvait raconter la vraie vie en restant dans le fameux triangle d'or des media.

Plus tard, quand je fus élu président de la société des journalistes de la chaîne, mes adversaires pendant le scrutin accusaient mes proches et moi-même de représenter « l'Église de déontologie ». N'étant pas sectaire, je l'ai pris comme un compliment, merci.

Comment, avec cet état d'esprit, trouver la bonne mesure pour diriger les travaux du groupe de déontologie du CSA depuis la tour de verre ?

En m'attelant à la tâche tous les jours et même en dehors des heures de bureau. En visionnant minutieusement pendant des heures les programmes litigieux, en me demandant si j'aurais pu commettre les mêmes erreurs. En écoutant le point de vue des services juridiques du CSA puis en ouvrant systématiquement le débat devant mes nouveaux collègues.

Des passes d'armes sur ces sujets, il y en a eu finalement assez peu. La plus épique concerna une émission de France Inter, « À votre écoute, coûte que coûte ». Programme très au second degré qu'une forte minorité du collège voulait réduire au silence. J'ai eu gain de cause mais après plusieurs séances pendant lesquelles j'ai réellement eu l'impression d'assister à une tentative de censure préalable. Rien de moins. L'émission satirique en question était présentée par les comédiens Zabou Breitman et Laurent Lafitte. Elle mettait en scène un faux médecin donnant des conseils farfelus pour traiter l'herpès avec des crèmes de bronzage… ou de faux auditeurs appelant pour se plaindre de la présence de Noirs sur leur lieu de travail.

Dès la première écoute, pour moi, pas de doute : il s'agissait d'une parodie. Le Conseil voulait que ce soit indiqué clairement à l'antenne, ce qui lui aurait enlevé toute sa force de dénonciation à mon humble avis. Convaincant parfois.

En dehors des « bavures », traitées en urgence, sur les dossiers déontologiques impliquant plusieurs chaînes, mon premier réflexe a été de réunir les responsables des rédactions concernées avant que les limites ne soient franchies. Tous sont venus sans sourciller quand j'ai voulu les alerter sur les abus d'images non « sourcées » en provenance d'Internet. Ce jour-là, la plupart des patrons d'info sont repartis en me remerciant de leur avoir donné la possibilité d'échanger entre eux, ce qu'ils ont rarement l'occasion de faire, pris dans le tourbillon de l'actualité quotidienne.

Info et intox

La méthode n'a en revanche pas fonctionné pour un grand chantier que je ne désespère pas de rouvrir un jour : définir la valeur économique de l'information produite par des rédactions professionnelles. Lui accorder un label de qualité pour la différencier aux yeux du public des sites et autres blogs qui véhiculent surtout des rumeurs.

Rumeurs qui deviennent « infos » par le simple fait qu'elles soient reprises, relayées ou même simplement évoquées par des media réputés sérieux.

Qui osera défendre la fiabilité et la viabilité économique de la presse audiovisuelle en définissant des critères déontologiques qui la distinguent définitivement du tout-venant déversé par Internet ? Un beau chantier à ouvrir et sur lequel j'ai modestement quelques idées à développer et à partager.

La course folle était déjà très engagée avant l'apparition du réseau mondial qu'est devenue la Toile. Je l'ai vécu de l'intérieur pendant l'affaire du charnier de Timisoara en Roumanie. Joker à l'époque de la présentation des JT du week-end, j'ai participé en direct à cette entreprise de désinformation mondiale. À cette accélération frénétique du rythme de l'information due à l'apparition de La Cinq dans la compétition entre les JT traditionnels. Créée par Robert Hersant et Silvio Berlusconi en 1987 avec quelques programmes paillettes qui ont vite laissé la place à des séries en rediffusion, la chaîne croit tenir la martingale quand les animateurs de variété recrutés à prix d'or la désertent : elle va donner de l'info pas chère, avec des journaux « populaires ».

Une question toujours d'actualité au passage : faut-il donner aux téléspectateurs ce qu'ils « attendent » ou leur ouvrir l'esprit sur la marche du monde ? Je préfère la seconde proposition. C'est mon choix !

Revenons à Timisoara. En se branchant directement sur les images de la télé roumaine occupée par les opposants au régime Ceausescu, La Cinq oblige toute la concurrence des JT traditionnels à suivre la révolution en direct. Plus le temps de vérifier l'originc réelle des images. C'est ainsi que toutes les chaînes finissent par diffuser une vidéo montrant des cadavres enchaînés par du fil barbelé, et censés être les victimes du régime en chute. Les media occidentaux, et en particulier français, annoncent 70 000 morts.

Sur TF1, on entend : « Ceausescu atteint de leucémie aurait besoin de changer de sang tous les mois. Des jeunes gens vidés de leur sang auraient été découverts dans les Carpates. Comment le croire ? (*sic*) La rumeur avait annoncé des charniers. On les a trouvés à Timisoara et ce ne sont pas les derniers. » En trois phrases, le conditionnel a disparu. Sur la même antenne, l'éditorialiste politique Gérard Carreyrou appelle à la création de Brigades internationales pour « mourir pour Bucarest ». Une des consciences du journalisme français, Jean Daniel, constate « le divorce entre les faits rapportés par la télévision et le ton des gouvernants » français qui « auraient intérêt à puiser leur inspiration dans ce qui se passe dans la rue ».

Critiqués pour leur réserve, les politiques prennent le relais avec le ministre des Affaires étrangères, Roland Dumas, qui estime qu'« on ne peut assister en spectateur à un tel spectacle (!) ».

Plus rien n'arrête personne. La presse écrite n'est pas en reste. *Le Monde* félicite La Cinq « d'avoir révélé l'horrible charnier ». L'envoyé spécial de *Libération* tentera d'expliquer plus tard l'emballement médiatique dont il est en partie responsable mais pas coupable. Il a bien vu quinze cadavres et l'a décrit dans son article. Mais les communications téléphoniques étant soudain coupées, il dit n'avoir pas pu freiner son rédacteur en chef qui rectifie son papier à Paris en parlant de plusieurs milliers de morts sur la foi de dépêches d'agences. Des agences qui s'appuient elles-mêmes sur les déclarations d'un diplomate yougoslave sur place. Des images de quinze cadavres déterrés dans un cimetière voisin, des affirmations de génocide par le régime du « vampire des Carpates », et le tour est joué.

Certains continuent de penser que la révolution roumaine n'a été qu'une vaste manipulation orchestrée par des opposants internes au régime cherchant à se débarrasser du dictateur en gardant le pouvoir. Je ne le sais pas, mais les dégâts causés à la crédibilité globale des journalistes n'ont pas fini de questionner silencieusement la profession. Comment deux chaînes françaises, TF1 et surtout La Cinq, ont-elles réussi à entraîner toutes les autres dans le mensonge ? À Antenne 2, seul un reporter connaissant la Roumanie a essayé de nous raisonner. Stéphane Manier n'a pas été écouté tant l'évidence semblait sauter aux yeux. Comme une hystérie collective. Ma honte personnelle n'est pas encore bue, et même si je pourrais me réfugier derrière l'argumentation classique de défense corporatiste, un goût acre de tromperie du public me reste dans la gorge en écrivant ces « aveux » un quart de siècle plus tard. Que se passerait-il si aujourd'hui une telle manipulation, démultipliée par l'effet Internet, qui n'existait alors qu'à l'état de projet, arrivait à ses fins ?

Puni pour n'avoir pas joué au bon petit soldat

Le ver était dans le fruit, en tout cas. Désormais, une rédaction était ringarde si elle n'ouvrait pas l'antenne à toute occasion. Mon patron de l'époque, Claude Carré, passé ensuite par TF1, me raconte aujourd'hui encore comment nous faisions le siège de son bureau pour arrêter tous les autres programmes au début de la guerre du Golfe première version. Et pourtant, il n'y avait pas d'images. Tout au plus quelques plans aériens de l'aviation américaine dans ses « frappes chirurgicales ». C'était pourtant quelques mois seulement après Timisoara. *Mea culpa*, Claude, *mea maxima culpa.*

Cette fois-là, au bout de quelques heures d'emballement et après une nuit blanche à tenir l'antenne pour rien, j'ai refusé d'être un bon petit soldat. Fatigué de mes confrères qui jouaient à la guerre en évoquant « nos avions qui ont effectué un raid victorieux », je les interpelle sur cette implication des journalistes dans un conflit. Réponse des aspirants combattants en studio : « On dit nos avions parce que ce sont nos impôts. » Coup de gueule de ma part : « Dans ce cas-là, dites “nos bus de la RATP” ou “nos trains” à la prochaine grève ! Un journaliste n'est pas en guerre, même quand son pays est engagé. »

La sanction tombe très vite. Devant accompagner Mitterrand en Arabie Saoudite pour passer les troupes en revue, je suis silencieusement débarqué du voyage au profit d'un confrère sûrement plus aguerri. Cela me vaudra une heure d'interrogatoire quelques mois plus tard dans un aéroport américain, le douanier ne comprenant pas que mon passeport porte un visa saoudien sans tampon d'entrée ! Forcément suspect, avec mon nom. Déserteur ? Non, bien sûr, mais objecteur de conscience, oui. La vérité sur la première guerre du Golfe me donnera raison. Mise en scène médiatique made in USA dans laquelle les grands media ont été complices.

Après l'épisode de la mise à l'écart d'un voyage officiel, je suis parti en vacances aux Antilles françaises boycottées par les touristes US qui y craignaient la guerre !

« Y a des images ? Faut les passer. »

À l'époque de Timisoara et de Tempête du désert en Irak, le principe des chaînes d'info était en gestation. Il en découle aujourd'hui, pour elles, une obligation qu'elles ne peuvent maîtriser : tenir l'antenne coûte que coûte. Difficile quand il ne se passe rien, impossible quand l'actualité s'emballe ! Ça marche d'ailleurs dans les deux sens !

L'ouverture de ces robinets qu'on ne peut refermer n'a fait que conforter un ancien principe journalistique hasardeux : « y a des images ? Faut les passer. » Quitte à rectifier ensuite, mais trop tard pour le téléspectateur qui ne sera éventuellement plus devant son écran au moment du démenti.

Ces nouvelles chaînes ont un rôle extrêmement utile mais délicat à manier. C'est un de mes regrets : n'avoir pas eu l'occasion, au CSA, de lancer une concertation sur les risques d'emballement menaçant ce secteur où l'influence du monde d'Internet et de ses méthodes n'a pas encore été mesurée. J'y réfléchis modestement dans mon coin, n'ayant plus le pouvoir d'être entendu, au moins pour l'instant.

Pendant mon mandat, j'ai eu le temps, en revanche, d'ouvrir un autre chantier rendu urgent par l'utilisation de plus en plus fréquente à la télé d'images en provenance de la Toile mystérieuse. La nécessité de cette réflexion, qui a bien porté ses fruits, en est venue après l'utilisation par France 2 d'un « document » censé illustrer le conflit israélo-palestinien à Gaza.

Le territoire étant difficilement accessible aux journalistes en ce mois de janvier 2009, la chaîne avait utilisé des images de « victimes palestiniennes », montrant en fait l'explosion d'un camion de gaz ou d'armes – je ne le sais pas moi-même – filmé en 2005 apparemment par un téléphone portable ! Des images habilement réactualisées sur Internet. Par qui, je l'ignore. Pourquoi, on l'imagine. La chaîne publique française n'en avait ni vérifié ni précisé l'origine. Le CSA est intervenu pour lui « rappeler fermement ses obligations en matière de rigueur de l'information ». Ça peut paraître léger comme condamnation mais, croyez-moi, les rédactions n'aiment pas ce genre de reproche jugé infâmant.

Même si ce n'était pas le premier dérapage du genre, j'ai de nouveau réuni les directeurs d'information des chaînes pour un rappel au règlement. Mais aussi pour un échange sur les risques de perte de crédibilité en cas de renouvellement de ce genre d'erreur. Reconnaissons pour l'instant que, malgré la compétition qui fait rage entre eux, ils sont devenus plus prudents. C'est à mettre immodestement à mon bilan.

Par la suite, d'autres dossiers aux conséquences un peu moins « graves » sont arrivés sur mon bureau. Des images de gendarmes français basés en Guadeloupe pour illustrer des émeutes à Madagascar, l'annonce de la mort d'un enfant retrouvé vivant après son enlèvement…

La plupart du temps, les responsables d'antenne mettaient à leur tour en cause un stagiaire ou une assistante qui n'auraient pas fait leur travail. Bon. Mais pourquoi confier des tâches importantes à des personnes non formées ? La fabrication d'un journal télévisé est une gigantesque chaîne dont tous les rouages ont leur importance. Un grain de sable dans la belle machine numérique et c'est la catastrophe.

Mes interlocuteurs ont souvent essayé de me convaincre que le zéro-défaut est impossible à atteindre. Tout en le comprenant, je ne pouvais pas accepter que les excuses soient un élément de clémence. On m'a appris, et j'essaie de le transmettre à mon tour, que dans la vie on ne s'excuse pas, on demande pardon quand on s'est trompé. Et on le dit à haute voix. En cas d'erreur, les chaînes essaient de noyer les rectificatifs dans le flot de l'info. Comme les droits de réponse renvoyés en bas de page. Raide comme la justice, j'exigeais que les errata soient diffusés à la même heure que l'erreur.

Faut-il alors que je m'étonne d'avoir fâché des copains du métier qui auraient aimé que je sois plus compréhensif, que « j'arrange les coups ». En arrivant au CSA, j'avais répondu au *Journal du dimanche* que je m'étonnais d'avoir « autant de nouveaux amis ». Le tragi-quotidien a fait l'écrémage.

Les affaires DSK et Merah

Ne zappez pas, voici d'autres secrets d'Histoire…

Samedi 14 mai 2011 : dans mon demi-sommeil, vers 6 heures du matin, j'apprends à la radio l'interpellation du directeur général du FMI.

Tout au long du week-end, je suis sur les chaînes d'info les développements en provenance de New York. Plus par conscience professionnelle que par intérêt personnel. Un élément me met mal à l'aise : les images qui passent en boucle montrant l'ancien ministre menotté. Certes, c'est une vraie image mais au-delà de la répétition ininterrompue de sa diffusion, quelque chose me titille. Le désormais fameux *perp walk* pratiqué par la police new-yorkaise pour les personnes soupçonnées de crimes.

Le *perpetrator*, littéralement le criminel, est exhibé par les policiers devant les caméras pour être vu dans une situation humiliante. J'apprends vite que la pratique n'aurait pas de fondement juridique aux USA et que c'est l'ancien maire de New York, Rudolf Giuliani, qui a popularisé voire inventé la méthode à l'époque où il était procureur fédéral… Au prix de fortes critiques lorsqu'il avait imposé cette humiliation à des personnes disculpées ensuite par la justice.

Le lendemain, au téléphone, le président du CSA, Michel Boyon, me signale l'existence de la loi Guigou de 2005 sur la présomption d'innocence qui interdit la diffusion d'images de la personne « entravée ». Loi française contre pratique américaine, quelle que soit l'affaire, le choix me semble clair.

Le Conseil se réunit en urgence le lundi matin pour rappeler à toutes les chaînes les termes de la loi et simplement leur conseiller de la retenue. La plupart d'entre elles reçoivent très bien la recommandation et aucune ne crie à la censure. Ou en tout cas pas assez fort pour que cela parvienne à mes oreilles.

Par la suite, elles veilleront à ne pas trop utiliser ce que les pros appellent des images prétextes pour évoquer l'affaire. M6 démontrera quelques mois plus tard dans un excellent documentaire que la mise en scène de la police méritait un peu de prudence. « Vous êtes prêts à tourner, les gars ? », demandait un policier aux caméras convoquées sur place. Un vrai show à l'américaine.

Il ne s'agissait bien évidemment pas pour moi de protéger DSK, simplement de faire respecter ses droits de ce côté de l'Atlantique sans préjuger de ce que la justice américaine allait décider. On connaît la suite. Mais au-delà de l'affaire, je voulais faire réfléchir sur l'utilisation à outrance des images qui finissent par perdre leur sens premier.

Dans l'affaire Merah, encore moins question de défendre ou de protéger le tueur de Toulouse. Ce jour-là, le collège a même observé une minute de silence.

Sept morts en mars 2012. Trois enfants et un adulte devant une école juive, trois militaires d'origine maghrébine à Montauban et Toulouse. Le tueur est cerné par le Raid pendant trente heures. Les caméras sont tenues à distance mais les directs se multiplient dans le quartier sans avoir d'informations visuelles à transmettre. Deux chaînes, BFMTV et France 3, annoncent que Merah s'est rendu. « Infos » fournies par des syndicats de policiers qui ne participent pas au siège. Une pratique étrange pour contourner l'interdiction faite aux fonctionnaires en uniforme de répondre à la presse à tort et à travers. Au départ, la méthode servait à tenter de défendre les policiers – en cas de bavure – en faisant prendre la parole aux syndicalistes protégés par le statut de représentants élus. Désormais, pas un fait divers important sans l'interview d'un membre d'Alliance, Synergie, Unsa Police, etc. C'est l'un d'entre eux qui aurait fourni la fausse information aux journalistes.

Des éléments directement retransmis sur les deux antennes sans vérification et avec un minimum de conditionnel.

Plus grave selon moi, le premier à commettre l'erreur a d'une certaine façon conforté son confrère qui s'est trompé dans la foulée. C'est l'un des risques de notre système d'info en continu tel qu'il fonctionne aujourd'hui : un concurrent qui donne un faux scoop affole tous les autres et légitime à l'avance les erreurs à venir.

Zemmour, pas coupable

Qui est responsable en cas de faute déontologique ? Les textes prévoient que la responsabilité éditoriale incombe aux dirigeants de la chaîne. Comme dans la presse écrite, c'est le directeur de publication qui répond des erreurs. Ainsi, dans l'affaire Zemmour sur Canal+, c'est le grand patron et la chaîne elle-même qui sont sanctionnés et non l'animateur de l'émission ou l'invité qui a proféré des injures ou contrevenu à la loi. En l'espèce, le journaliste du *Figaro* qui a son rond de serviette sur de nombreux plateaux télé et studios radio pour y donner son avis personnel sans être contredit et sans risque d'avoir à se justifier.

Arrêt sur image : Éric Zemmour a ce soir-là table ouverte chez Ardisson. Face à l'animateur, il affirme qu'en France « la plupart des délinquants sont noirs ou arabes ».

« C'est un fait », selon l'expression favorite du polémiste qui n'avance aucune preuve devant un animateur goguenard mimant d'un geste de la main : « Ça va barder. » Et en effet, l'émission étant enregistrée et montée, la séquence sera intitulée : « Zemmour dérape ! »

Hasard des programmations, je suis invité de l'émission « Media » de France 5 sur un tout autre sujet et Thomas Hugues ne manque pas de m'interroger sur l'« affaire » alors que le dossier n'a pas été tranché par le Conseil. Je m'en tire par une pirouette et réponds : « On peut aussi être arabe et membre du CSA ! » Le droit à l'humour est sacré, vous vous en souvenez ?

Dans ce jeu de rôles, chacun semblait à sa place pour le quadrille des hypocrites. Mais que fait le CSA ? L'affaire est instruite tout d'abord par les services juridiques qui rappellent que la loi française interdit les appels à la haine, notamment pour des raisons d'origine. Pour une fois, les textes de la loi audiovisuelle votée par le Parlement sont clairs. Mais restrictifs à mon sens : le responsable qui sera convoqué pour s'expliquer est donc le détenteur de l'autorisation d'émettre et personne d'autre. Dommage.

Certes, des associations traîneront Zemmour devant la justice mais j'ai l'impression d'un grand piège : ou bien le CSA intervient et tape à côté, ou il ne dit rien et se décrédibilise. Délicat car forcément, si le CSA s'exprime, plus de gens verront la séquence. Seulement les principes, au moins, seront saufs. L'autorité aura fait son travail. Pourtant cela ne me suffit pas. Mais que faire ou dire de plus ?

Zemmour, que j'ai côtoyé sur des campagnes électorales pendant notre jeunesse française, a compris comme beaucoup d'autres qu'à la télé, plus c'est gros mieux ça passe. En l'espèce, il n'avançait aucune preuve à ses affirmations. Le croisant quelques mois plus tard dans les couloirs du *Figaro* avec la mine resplendissante d'un vacancier de retour du soleil, je lui lance, provocateur à mon tour :

– T'es pas un peu trop bronzé ?

Il sourit. Ça c'est un fait, me dis-je. Il ne sort pas de prison !

Plus sérieusement, sans attenter à la liberté de parole, je me demande si mon ancien confrère fait encore de l'info. Question que je me suis longtemps posée pour un autre polémiste du petit écran : Robert Ménard. Créateur en 1985 de Reporters sans frontières, il a exercé brièvement la profession de journaliste dans les années 1980 après une « carrière » de militant allant de l'anarchisme au trotskisme, pour se retrouver ensuite au Qatar où il dirigera un centre pour la liberté des media financé par l'émirat !

Pour ma part, je ne conçois pas ce métier avec un engagement politique, aussi diversifié soit-il. Mais je reconnais à Ménard une lucidité tardive : il a choisi la politique en devenant récemment maire de Béziers avec le soutien du mouvement de Marine Le Pen. Reste que ces trajectoires brisées font beaucoup de tort à la crédibilité des journalistes déjà bien écornée.

Zemmour ne se grandirait-il pas en suivant le même chemin que Ménard pour clarifier sa situation et ses positions aux yeux du public ? Je n'ai jamais empêché quiconque d'exprimer ses convictions, simplement que l'on dise d'où l'on parle. Le salarié du *Figaro* et de RTL prépare l'accession au pouvoir du Front national en proposant d'ores et déjà une tendance plus extrémiste encore. La nature a horreur du vide.

Détail de l'histoire, Ménard et Zemmour ont un point commun : rapatrié ou fils de rapatriés d'Algérie. À les écouter, ils semblent panser leurs blessures d'origine par une attitude revancharde qui ne m'a jamais traversé l'esprit. J'ai même, à l'égard de ceux qui ont quitté mon pays natal contraints et forcés, une fraternité qui mélange droit du sol et droit du sang… Zemmour signifie l'olive en berbère, nom que l'on retrouve aussi bien dans les tribus kabyles que dans les familles juives d'Afrique du Nord. Au nom d'éventuels ancêtres communs, un peu de respect... Pour ma part, je ne cultive pas la haine et l'exclusion, en ayant été suffisamment victime.

Ma propre histoire est donc toujours restée à la porte de mes activités professionnelles pour éviter toute subjectivité. Une seule fois, mes cicatrices ont été ravivées pendant mon mandat au CSA. Jean-Paul Guerlain est invité du 13 heures de France 2 et évoque sa vie professionnelle : « Je me suis mis à travailler comme un nègre. Je ne sais pas si les nègres ont toujours tellement travaillé, mais enfin… » En plus de la condamnation par le CSA, je me suis permis une touche personnelle en changeant de parfum. J'ai piqué le sien à mon beau-fils et l'ai adopté.

Pour cette dernière affaire, j'ai plus sérieusement mis en avant ce que les textes de la loi audiovisuelle appellent la « maîtrise de l'antenne ». En direct, le présentateur doit avoir la présence d'esprit de rectifier une erreur ou une faute de la part d'un invité. Pas facile, j'en conviens, mais beaucoup ont appris à le faire, à être attentifs à ce qui se dit sur le plateau plutôt que d'avoir l'esprit à la question suivante sans écouter la réponse précédente.

Dans le cas Guerlain, je n'ai jamais soupçonné Élise Lucet d'avoir cautionné par un rire malencontreux les propos racistes de son invité ; comme elle sait que je l'apprécie, elle l'a bien pris. Mais il faudrait que l'on réfléchisse plus avant sur la responsabilité des journalistes tout en protégeant leur liberté.

Il est encore temps de s'y atteler. Peut-on revendiquer d'être responsable et jamais coupable ? Cessons simplement d'en faire des affaires personnelles. Journalistes et politiques ont ceci de commun qu'ils n'acceptent jamais la critique, n'y voyant qu'une attaque ad hominem.

Pas facile d'être un procureur pour ses ex-confrères

Dans les quelques affaires citées ici parmi tant d'autres traitées en six ans, j'ai dû inventer une forme de travail pas encore codifiée à l'époque. À chaque occasion, j'ai donc mené ma propre enquête puis systématiquement échangé avec mes anciens pairs par téléphone, sans conflit, ni préjugé, ni anathème. C'est un des rares avantages du poste de conseiller : quand il appelle, on l'écoute et parfois on l'entend. Pour ma part, il m'arrive de changer d'avis quand en face de moi on se montre convaincant.

Pas facile pour autant d'être le procureur contre ses ex-confrères, mais la connaissance des mécanismes précis de l'information m'a toujours permis de présenter à mes collègues du CSA des dossiers aussi équilibrés que possible.

Et puis, il faut savoir que les services juridiques des chaînes peuvent très bien se faire entendre et se défendre. Enfin, il est important de préciser que dans ces instances les décisions se prennent collégialement, avec un vote si nécessaire. Si la tentation de régler des comptes anciens m'avait rattrapé, autour de la table il se serait trouvé au moins une personne pour m'empêcher d'agir ainsi.

Rassurez-vous et posez la question aux Sages : ils n'ont pas eu l'occasion de le faire. Moi-même ici, je ne me venge de personne, je suis simplement soulagé d'avoir livré ces quelques secrets d'Histoire.

*
* *

La déontologie des journalistes reste pour moi un centre d'intérêt après mon départ du CSA, même si je me vois mal reprendre du service pour l'instant. Mon investissement dans le dossier m'a valu trop d'inimitiés, et pas seulement au sein de France Télévisions où l'on devait se dire que je saurais être magnanime en cas de dérapage. Raté : les procès-verbaux des réunions plénières attestent de mon impartialité pour ceux qui en douteraient encore.

Que mes détracteurs anciens ou à venir se rassurent, je ne pense pas retourner de sitôt dans l'arène de l'info, même si j'en avais le droit. Vous imaginez un policier ayant passé quelques années à l'Inspection générale des services pour traquer les bavures retourner au commissariat ? Chez les flics, on appelle ça un « bœuf-carottes ». Et c'est un plat qui ne supporte pas le réchauffé…

– 5 –

MOTUS

Janvier 2008. Pour mon premier anniversaire chez les Sages, un beau cadeau élyséen : Nicolas Sarkozy annonce l'arrêt de la publicité après 20 heures sur le service public et la désignation de son président par l'État. Personne n'est dans la confidence dans les étages du Conseil.

Les anciens soufflent, ils ont trop mal vécu la dernière nomination deux ans plus tôt. Patrick de Carolis avait été choisi après quelques pressions en provenance de Matignon pour reconduire Marc Tessier. Le Premier ministre de l'époque, Dominique de Villepin, lui avait même donné sa préférence dans le journal *Le Monde*. Bernadette Chirac, elle, soutenait la candidature de Carolis avec qui elle avait signé un livre. Proximité quand tu nous tiens.

Visiblement l'affaire a laissé des traces et les conseillers présents à l'époque se satisfont du nouveau système. Plus de pouvoir de nomination, plus de pressions, plus de problème !

Pas pour moi.

Tentative de mainmise sur la télé publique ?

Presque tous les membres du Conseil présents avant mon arrivée évoquent à demi-mot les coups de téléphone « haut placés » jusqu'à la veille de la désignation du « vainqueur ». Pendant toute ma carrière de journaliste, et notamment durant les années au cours desquelles j'ai dirigé un service politique, je n'ai pas subi de tentative d'intimidation ou de pression amicale. Avoir une mauvaise réputation d'indépendance, ça peut être protecteur ! De toutes les façons, au Conseil sont nommés des membres pour un mandat unique et surtout non révocable. Pourquoi commencerais-je, à cinquante et un ans, une carrière de serviteur servile ?

Il n'en reste pas moins que ce pouvoir de nomination est un vrai casse-tête. De l'extérieur, on y voit la force suprême de l'autorité de régulation ; de l'intérieur et au quotidien, c'est un attribut parmi tant d'autres. Ou plutôt, c'était, car une fois passée l'annonce brutale du changement de mode de nomination, presque tout le collège a soudain le petit doigt sur la couture du pantalon. On connaît les arguments de Nicolas Sarkozy : l'État étant l'actionnaire majoritaire de l'audiovisuel public, il est normal que le pouvoir en nomme le président. Mais France Télés n'est pas EDF ou Areva. Entreprise de service public certes, mais elle produit des contenus qui n'ont rien à voir avec l'énergie, même nucléaire.

Dans le cahier des charges de la télé publique, il est clairement prévu – comme pour les chaînes privées – que toutes les tendances politiques doivent y avoir accès à égalité de traitement. Comment être sûr que l'équité des temps de parole entre le pouvoir et l'opposition soit scrupuleusement respectée si le chef de l'État a la mainmise sur la télé publique ?

Un président de la République peut-il en toute pertinence donner les mêmes orientations au numéro un de la SNCF qu'à celui d'une télé publique ? Un P-DG nommé par le pouvoir n'est-il pas piégé dès le début de son mandat ou simplement soupçonné d'être forcément redevable à celui qui l'a désigné ?

Nicolas Sarkozy avait en apparence raison sur un point : l'ancien système pouvait impliquer une forme d'hypocrisie puisque les nominations étaient entachées du soupçon de la connivence. Mais je reste surpris de la méthode qui consiste à dire : je paie donc je décide. Et puis l'hypocrisie saura vite prendre d'autres atours.

En fin juriste, le président du CSA essaie de trouver un habillage en parlant de « codécision ». Il faut dire que depuis l'arrivée du nouveau chef de l'État, beaucoup lui prêtent l'intention de réformer profondément voire de faire disparaitre l'institution mise en place en 1989. Réflexe d'une autorité censée être indépendante : ne pas froisser le pouvoir qui peut la supprimer. Il faut dire que le vent du boulet est perceptible après des déclarations au vitriol d'Alain Minc contre le CSA accusé de prendre des décisions hypocrites. Celui qui est soupçonné d'avoir soufflé le projet de la réforme à l'oreille du président essaie de légitimer son idée en décrédibilisant l'autorité à qui l'on retire du pouvoir. Habile.

Quelques jours plus tard, pour ménager l'orgueil d'un CSA blessé, Nicolas Sarkozy fera un passage éclair à la soirée des vœux du Conseil judicieusement organisée au Pavillon Gabriel, derrière l'Élysée. Tout est symbole dans ce décor en trompe l'œil.

Alors que certaines voix s'étaient élevées au sein du collège pour évoquer l'éventuelle inconstitutionnalité de la réforme, tout le monde rentre vite dans le rang. D'ailleurs que faire ? Motus ?

Je ne me résous pas à jouer les béni-oui-oui.

Symbole pour symbole, je propose, pour mettre un peu de transparence malgré tout, de rendre publique l'audition du candidat désigné par l'Élysée. Proposition qui soulage tout le monde. Encore une petite victoire pour ma petite personne.

Étrangement, cela ne s'était jamais fait alors que je suis convaincu que les auditeurs de la radio publique et les salariés de la maison ronde auraient tout à fait le droit de partager la primeur de ces échanges entre le candidat unique et le collège. Collège qui, encore une fois, pourrait retoquer le postulant sans déclencher une crise institutionnelle.

Travaux pratiques avec l'audition de Jean-Luc Hees, candidat officiel et unique à la présidence de Radio France. Débats retransmis en direct sur une chaîne parlementaire – qui n'est pas sous la compétence du CSA (!) – et sur le site Internet du Conseil. Débats pendant lesquels, pour ma part, j'interroge le « lauréat » sur des sujets très techniques pour bien montrer que la décision est prise et qu'il ne s'agit pour le collège que de donner un coup de tampon.

Hees est à mon avis un excellent journaliste indépendant et je ne veux pas lui faire de procès d'intention. Mais il s'est apparemment mal préparé à l'exercice et ses réponses sur l'avenir technologique de la radio ne me semblent pas à la hauteur de l'enjeu. Comment dans ces conditions lui donner ma voix ? Le nouveau patron de Radio France décroche une toute petite majorité au sein du collège. Que se serait-il passé si un conseiller de plus avait dit non ? Peut-être que l'excellente réputation professionnelle de Jean-Luc Hees serait restée intacte !

Cela restera une hypothèse d'école. Je me demande encore aujourd'hui si Nicolas Sarkozy n'aurait pas plus respecté le CSA si nous nous étions opposés à son premier choix. En tout cas, il aurait dû nous faire une nouvelle proposition de nom. Pourquoi avoir raté le coche ?

Malgré le contexte de départ, Hees et moi aurons d'excellentes relations par la suite parce qu'il est aussi préoccupé que moi par l'avenir du service public. Il n'a pas démérité pendant son mandat mais son prédécesseur Jean-Paul Cluzel non plus ! C'est un problème de ne jamais pouvoir juger un président sur son bilan et de ne pouvoir lui donner le temps de réussir sur la durée.

Je l'aurais certainement fait pour Hees si j'avais été encore au CSA à la fin de son mandat. Lui a souffert du désaveu de l'institution qui l'avait officiellement nommé cinq ans plus tôt et qui soudain le parait de tous les défauts. Même en ne faisant plus partie des Sages, j'ai su le traitement qui lui fut réservé lors de son audition en 2013 pour une très hypothétique reconduction. Le président sortant affronta notamment la charge d'un conseiller qui venait de Radio France : Patrice Gélinet, ancien directeur de France Culture dans les années 1990, voulait absolument que Hees reconnaisse « son échec ».

Après sa nomination au CSA, cet ex-producteur abandonnant son excellente émission « Deux mille ans d'Histoire », avait essayé d'imposer lui-même son successeur à l'antenne mais le président de Radio France avait su résister. Dans les affaires d'hommes, il faut creuser l'historique pour comprendre le présent.

Étonnant que personne n'ait crié au conflit d'intérêts cette fois-là. Ayant promis d'évoquer sans balancer, je n'irai pas plus loin ; surtout parce que cela participerait au climat de défiance et de suspicion que j'essaie de dénoncer.

La nouvelle méthode de nomination du président du service public mise en place après le retour de la gauche au pouvoir sera-t-elle plus efficace ?

Le fait que les candidats doivent se faire connaître auprès du CSA est un vrai progrès. Mais en coulisse, que se passera-t-il ? Surtout que les auditions se feront à huis clos ! Dommage… Pour avoir participé à de nombreuses auditions publiques d'attribution de fréquences à des chaînes privées, je ne comprends pas pourquoi on donnerait à nouveau l'impression d'avoir des choses à cacher quand il s'agit des chaînes publiques.

La vraie réforme serait peut-être de s'intéresser au mode de nomination des membres du CSA eux-mêmes.

D'abord en faisant la transparence sur les raisons du choix d'Untel plutôt qu'un autre.

Les conditions de mon arrivée au Conseil sont désormais connues parce que les ayant découvertes bien après ma nomination, j'ai voulu qu'elles soient publiques à travers ce récit. Malheureusement, la dernière vague de désignations après mon départ n'a pas amélioré le processus toujours aussi opaque. J'accepte le jeu de la transparence en donnant l'exemple de ma situation. J'attends que les anciens et futurs membres de ce club très fermé fassent de même…

L'idée d'un contrôle parlementaire sur les nominations est séduisante sur le papier mais présenterait des risques de candidats de compromis, pas forcément plus indépendants ni performants.

Pourquoi les candidats au CSA ne seraient-ils pas eux aussi auditionnés – par l'Assemblée et le Sénat qui les nomment – avant et après leur mandat pour rendre compte de leur action ? Pourquoi ne prêteraient-ils pas serment, comme les membres d'un grand jury, quitte à être condamnés en cas de parjure ?

Une loi, deux mesures

Si incroyable que cela puisse paraître, il existe bien une commission de déontologie devant laquelle j'ai essayé de comparaître à la fin de mon mandat. Réponse administrative : seuls les agents de l'État peuvent y recourir ! Moi je peux toujours courir… Admirons au passage le côté kafkaïen de l'Administration : membre du CSA, je suis considéré comme apparenté à la fonction publique et dois en respecter les interdictions. Sans bénéficier des mêmes avantages ! Le salaire d'un conseiller est plus élevé, par exemple, s'il vient de la fonction publique. Pourquoi ? C'est comme ça ! Après son mandat, un fonctionnaire peut retourner dans l'Administration. Pas le vulgum conseiller comme moi. Le mandat terminé, les mêmes obligations qu'un agent public mais pas les mêmes droits ! Kafka ou Ubu ?

Pourtant, d'anciens agents du CSA ont eu l'accord de cette fameuse commission de déontologie pour « gagner le privé ». L'un d'entre eux, accueilli dans un grand groupe audiovisuel après avoir dirigé les études du CSA, a « simplement » été interdit de contact avec ses anciens collègues pendant trois ans. À croire qu'il ne savait pas se servir d'un téléphone. Courtelinesque !

Cartes sur table

Mon indépendance a été mise en doute sous le prétexte que j'étais en détachement de France Télés pendant mon mandat. Alors jouons cartes sur table.

J'insiste sur le fait que c'est mon employeur de l'époque qui m'avait fait « bénéficier » de ce congé sans solde prévu explicitement par la convention collective des journalistes.

L'occasion pour moi de dire solennellement que contrairement à ce qui a pu être écrit, je n'avais plus de salaire de France 2 – même ma propre belle-mère m'a demandé un jour s'il était vrai que j'étais payé deux fois ! Désolé bonne maman, c'est faux. En revanche, j'ai eu plus de mal à la convaincre qu'en quittant le CSA, la loi m'impose trois ans d'interdiction d'exercer dans l'audiovisuel – public et privé – et non pas une seule année comme prévu par France Télés à mon départ.

N'oublions pas que je ne vis pas hors sol et que j'ai charge de famille. Pendant un an, j'ai conservé mon salaire du CSA pour respecter l'interdiction première : un an sans travail mais rémunéré. Après, rien. Ni dédommagement ni droit de travailler dans les media. Interdiction d'exercer – dont certains juristes doutent de la constitutionnalité – et cela pendant une durée correspondant au total à la moitié du mandat...

Le principe est pur mais dur. *Dura lex, sed lex.* La loi est dure, mais c'est la loi. Étrange qu'elle ne s'applique pas d'une certaine façon à d'anciens présidents du groupe public qui peuvent efficacement collaborer avec l'entreprise qu'ils ont dirigée. Cela laisserait-il croire qu'ils avaient moins de pouvoir que moi et risqueraient moins d'être en conflit d'intérêts ?

Le curieux exemple de « Bygmalion »

Fariboles que l'affaire Bygmalion transforme en scandale. On connaît bien le versant politique de ce feuilleton qui se prolonge dans les couloirs de la télé publique.

Un acteur commun aux deux affaires : Bastien Millot, ancien membre du cabinet de Jean-François Copé, qui trouve un petit job à la télé l'été 2005. Arrivé dans les bagages de Patrick de Carolis, il en est nommé directeur de cabinet mais aussi directeur de la stratégie et de l'innovation… et responsable de la communication d'une filiale du groupe MFP spécialisée dans la production.

Rien que ça. En politique, on appelle cela un cumulard. Pratique fréquente à France Télévisions où, après mon départ au CSA, bénéficiant de quelques confidences, j'ai su que des dirigeants venus du privé cumulaient parfois deux titres pour bénéficier d'un salaire plus attirant.

Avec cette belle carte de visite, en trois ans et après un apprentissage très rapide des métiers de l'audiovisuel, le pygmalion prodige de trente-six ans se fait mettre en disponibilité par le groupe pour créer son cabinet de conseil en communication. Clients principaux : l'UMP et France Télévisions. Le service public lui passe de nombreuses commandes. La suite, c'est la presse écrite qui la raconte. *Libération* du 4 juillet 2014 évoque des contrats à hauteur de 1,2 million d'euros sur cinq ans. Le quotidien détaille les sommes versées avant et après le changement de président et l'arrivée de Rémy Pflimlin. C'est ce qui intéresse le juge Van Ruymbeke qui convoque à plusieurs reprises l'état-major de la télé publique. Y a-t-il eu, comme dans le versant politique du dossier des surfacturations, des rétrocommissions ? Ou tout simplement du favoritisme ? L'enquête n'est pas terminée. La justice tranchera. La question est de savoir s'il y a eu conflit ou prise illégale d'intérêts.

Pardon de rapporter cela à ma petite personne que l'on soupçonne de risquer une condamnation pénale si j'avais retrouvé mon simple salaire à France Télévisions ! Une farce.

D'autant plus que cette affaire permettra de soulever d'autres questions. Est-il normal qu'un ex-P-DG du service public signe des contrats avec son ancienne maison ? Qu'il y retrouve la production et l'animation d'une célèbre émission ?

Apparemment non, puisqu'il a dû cesser cette activité à la demande de son successeur qui pourtant n'y avait rien trouvé à redire dans un premier temps.

Comme le disent les politiques dans ce genre de circonstances, « je fais confiance à la justice de mon pays… ».

Oublions les grands pour revenir à mon « cas » qui n'a pas fini d'être surréaliste. Après l'ivresse des sommets, revenons sur le plancher des vaches.

Pour virer Rachid, tapez 1

En 2009, arrivée au Conseil d'une autre journaliste de France 2, Françoise Laborde, partie dans les mêmes conditions que moi. Preuve supplémentaire que je n'ai pas bénéficié du moindre traitement de faveur puisque l'on reproduit le processus juridique de détachement parfaitement légal pour celle qui vient d'être désignée par Nicolas Sarkozy.

Le Point ouvre le feu sur nous deux, n'ayant pas réussi à m'abattre seul quelques mois auparavant. « Scandaleux, ils doivent démissionner ! » chante le chœur des moralistes dans leurs échos « confidentiels ». Un mot qui dit bien comment ils obtiennent leurs « exclusivités ».

En l'occurrence, c'est un des très hauts dirigeants de France Télévisions qui a fait une « confidence » à un journaliste en fournissant le document officiel de mon détachement du groupe public. Document signé par France Télés et effectivement confidentiel, comme tous les contrats.

Ce document existe en deux exemplaires : l'un dans mes archives et l'autre dans celles de France Télévisions.

Qui a transformé ce courrier en lettre circulaire ? Pas moi, donc… Étonnant que ceux qui ont écrit et signé ce courrier s'en servent contre moi ! Rappelons au passage que c'est la présidence de ce groupe qui m'a proposé cette solution pour être nommé à une fonction publique dans des conditions administratives étudiées par les juristes des deux parties : mon ancien et mon nouvel employeur. Je ne répéterai jamais assez la responsabilité des fins connaisseurs de la loi qui ont géré mon dossier. Auraient-ils accepté que je bénéficie d'un passe-droit alors qu'ils m'interdisent aujourd'hui tout recours ?

Toujours est-il que cette fuite organisée qui ne peut que me nuire intervient étrangement après des auditions houleuses des responsables de la télé publique devant les deux groupes de travail que je dirige. Saisi très officiellement par le contrôleur général des lieux de privation de liberté, j'instruis un dossier concernant les émissions de télévision de plus en plus nombreuses à surfer sur d'anciens faits divers et leurs procès. Des condamnés ayant purgé leur peine ne comprennent pas que leur affaire soit encore mise sur la place publique avec parfois des images appartenant à leur famille. Dossier délicat. Les spécialistes consultés évoquent le droit à l'oubli, notion qui n'existe pas juridiquement dans ce domaine mais qui mérite au moins réflexion.

Le descendant d'un criminel doit-il payer pour son père quand les images d'archives du procès sont utilisées sans l'accord des intéressés ? Je n'ai pas d'avis arrêté, je veux simplement avoir le droit d'évoquer la question des dégâts causés sur des innocents par la vogue de ce genre d'émissions. Pendant leur audition au CSA, les représentants de la télé publique crient à la censure.

Ils seront encore plus en colère lorsque nous les confronterons aux premiers résultats du baromètre de la diversité que j'ai contribué à inventer. Une étude qui tente de comprendre pourquoi la télé n'est toujours pas à l'image de la société française réelle. France Télévisions n'est pas l'élève modèle qu'elle croyait être. Son président de l'époque quittera la réunion avant la fin...

De là à penser qu'il y avait une volonté de se venger sur moi, il n'y a qu'un pas. La fuite organisée par mes anciens employeurs a eu une conséquence économique d'importance sur le secteur de la presse télé : ma famille a résilié son abonnement à l'hebdo censé lui fournir les programmes de la semaine mais qui pendant près d'un mois a « éditorialisé » sur mon manque de morale supposé... Terrible vengeance familiale, passée inaperçue !

Trois de ces magazines ont eu le courage inouï de signer un article commun demandant la démission immédiate des deux quasi-délinquants que Laborde et moi étions soudain devenus.

Pour virer Rachid, tapez 1. Venant de revues qui vivent aux crochets de la télévision en surfant sur le succès des émissions dites de réalité, c'est drôle. Signés par des journalistes dont certains participent régulièrement à des émissions télé pour vendre leurs hebdos – en toute indépendance bien sûr –, ces articles en forme de leçon de morale valent bien un hommage.

Pour que la transparence soit totale, je me suis aujourd'hui défait de mon contrat avec France Télévisions afin d'être en conformité avec la loi actuelle, ce que je n'étais absolument pas obligé de faire en 2007.

Si j'avais été calculateur et cynique, c'est en arrivant au CSA que j'aurais négocié mon départ contre espèces sonnantes et trébuchantes. Mais, avec un joli chèque signé par France Télévisions, aurais-je été enclin à rester impartial avec une chaîne de télévision qui se félicitait alors de ma nomination à un poste aussi important ?

Qu'aurait-on dit si l'on avait appris que moi-même ou un autre membre du collège avait quitté sa chaîne d'origine avec indemnités à la clé ? Qu'il ou elle allait être partial, ou impartial ? Ce procès d'intention valait-il pour des journalistes venant du privé ? Je n'ai pas voulu instruire ce procès pendant mon mandat, il ne faudrait pas trop me pousser pour que je le fasse à l'avenir contre les donneurs de leçons qui intriguaient, y compris au sein de la tour au-dessus du pont Mirabeau… là où coule la Seine… Vienne la nuit sonne l'heure, les jours s'en vont, je demeure. Pardon de convoquer Apollinaire pour me laver de telles bassesses. Mon dernier joker ? Ma dernière supplique, mesdames et messieurs les bourreaux : peut-on imaginer qu'un être humain soit honnête ? Un gros mot.

Aujourd'hui, je n'ai donc pas fini de purger ma peine : interdiction d'exercer dans l'audiovisuel pendant trois ans ferme. Désolé de me répéter, mais je n'arrive pas encore à y croire ! Passé le délai de carence pendant lequel la loi prévoyait que je pouvais percevoir mon salaire du CSA durant douze mois – un simple sursis – je ne peux donc plus travailler dans le secteur où j'ai accompli la totalité de mes trente ans de carrière. Carrière dont, je le rappelle, j'ai perdu une partie des bénéfices en renonçant légalement à toute activité. Pourquoi devrais-je accepter cette situation silencieusement ?

Je ne sais toujours pas que répondre aux passants qui me demandent encore quand je vais revenir à l'antenne. Impossible de leur infliger de suivre les méandres que j'essaie de dessiner ici. Que dire si ce n'est qu'après six ans de mission à tenter d'apporter modestement ma petite pierre à l'amélioration des media, il faut que je passe par un sas de décontamination sous prétexte que je serais détenteur de secrets qui pourraient m'enrichir. Décontamination à mes frais.

Des fuites impunies

Des secrets, pourtant, je n'en ai pas récolté et encore moins cultivé. Certes le collège du CSA siège parfois à huis clos mais les positions des uns et des autres sont connues à l'extérieur avant la fin de la réunion. Les addicts du SMS et autres tweettos restent branchés au dix-huitième étage du quai André-Citroën.

Quelques mois avant mon départ, une enquête judiciaire a été ordonnée pour connaître l'origine des fuites régulières dont bénéficiait un hebdo cité plus haut. Nos ordinateurs ont été auscultés parce qu'un document pas encore définitif, mais d'importance, avait été envoyé à un journaliste via le mail d'un membre du collège. Atmosphère Cluedo. Tout le monde savait qui était le colonel Moutarde et où il avait planqué le chandelier du crime mais pas d'indices pour le confondre. Enquête classée sans suite.

Et pourtant, le code de déontologie du CSA prévoit des sanctions pénales en cas de violation du secret professionnel.

À la fin de mon mandat, je m'exprimais surtout par paraboles pour éviter d'être piraté et que mes propos se retrouvent dans la presse « confidentielle », mais surtout que les patrons de chaînes puissent s'en servir contre moi.

Les règles du CSA sont écrites et strictes. Le code de déontologie que tout nouveau membre doit signer prévoit que l'obligation de discrétion s'impose pendant le mandat et durant l'année qui suit. Je m'y suis donc scrupuleusement conformé, même quand la tentation de me venger m'était offerte contre une confidence bien distillée. Cela aurait pu être le cas quand les avocats d'une radio destinée aux jeunes ont cru avoir trouvé le moyen de faire annuler les décisions du CSA auxquelles j'avais pris part sous prétexte que j'étais en détachement… Du chantage pur.

Je m'en suis expliqué avec l'intéressé – sympathique par ailleurs – qui n'a pas nié les faits et me l'a confirmé dans un mail précisant qu'il n'avait pas l'intention de me nuire. Ben voyons !

À l'époque, le secrétariat général du gouvernement avait lui-même demandé une étude juridique sur mon « cas ». J'imagine que si les conclusions avaient été négatives pour moi, on ne m'aurait pas fait de cadeau.

Le grand air de la médisance

Mais ce n'étaient pas que des « secrets » qui fuitaient. Les propos outranciers – j'ai failli écrire « dégueulasses » – qualifiant tel état-major d'une chaîne cryptée étaient portés à la connaissance de celle-ci à la vitesse du numérique. Résultat : quand les intéressés venaient en audition devant nous, les formules de politesse d'usage avaient un goût d'hypocrisie rance.

Inutile de s'étendre sur cette ambiance entre les « collégiens ». Plutôt une cour de récréation niveau primaire parfois. La dernière réunion à laquelle j'ai participé était pathétique. Pendant que je défendais mes ultimes dossiers, les entrées et sorties de la salle étaient plus nombreuses que dans une pièce de Feydeau. Il s'agissait visiblement de m'empêcher de clore mes dernières affaires en cours. Des allées et venues ostensibles et bruyantes de la part de deux conseillères, alliées le temps d'une journée, après avoir passé des mois à se crêper le chignon. Mes paroles étant devenues inaudibles, j'ai fini par demander au président si je devais vraiment continuer de m'égosiller. Il en est resté muet. Triste spectacle au sein d'une institution voulue et financée par la République.

Fort heureusement, mes premières années de mandat ont été plus enrichissantes. Des personnalités sont venues d'horizons divers autour de la table pour des débats argumentés et constructifs.

Les grands chantiers comme celui de la TNT ont ainsi été menés par mon ami Méar en toute transparence et avec succès.

Lui et quelques autres conseillers présents à mon arrivée savaient faire vivre les dossiers stratégiques de l'audiovisuel. Après une brillante présentation de son action outre-mer où il a ouvert les écrans aux chaînes métropolitaines, j'ai murmuré : « Le silence qui suit du Méar, c'est encore du Méar. » Le Mozart de la télé numérique.

C'est encore grâce à lui que les dossiers technologiques ou de concurrence, arides pour moi au départ, ont vite pris la forme de nouveaux territoires à explorer. Avec le recul, je me demande encore plus s'il n'y avait pas trop de journalistes nommés au CSA au fur et à mesure des renouvellements auxquels j'ai assisté… Quatre au recensement de janvier 2013 : plus de la moitié du Conseil…

Problème : que vont-ils – elles en l'occurrence – devenir après le CSA ? Moi, je leur sers de cobaye. Interdit de travail, interdit de parole, interdit de défense. Comment réagir ?

Pendant des mois, j'ai essayé d'attirer l'attention des décideurs politiques sur cette situation unique voire inique. Les avocats appellent ça un interdit de travail. Et ça se plaide comment ? Éventuellement devant la Cour européenne des droits de l'homme. Je n'ai pas renoncé à la saisir, voulant me défendre dans les règles.

Demande de grâce
Silence de mort

Pour commencer, j'ai alerté celui qui m'avait nommé. Jean-Louis Debré, devenu président du Conseil constitutionnel, me semble un interlocuteur crédible. Il sait le droit mieux que moi. Pour lui, pas d'ambiguïté, n'étant indemnisé qu'un an je dois pouvoir retravailler en priorité à France Télévisions. Ce n'est pas l'avis des dirigeants du groupe public, qui me proposent tout d'abord de prolonger mon congé sans solde de deux ans ! Ben voyons, pas de revenu et pas le droit de travailler puisque tenu par un contrat d'exclusivité.

Suggestion de ma part à cette étonnante « offre » : licenciez-moi, alors ! Pas de raison, répond l'avocat de France Télévisions, c'est un cas de force majeure.

Le ton a bien changé entre nous depuis que je ne suis plus aux affaires. Il faudra même que je me présente sans prévenir au siège de France Télévisions pour être reçu par la direction des ressources humaines pendant les négociations sur mon départ ! Mon conseil négociera péniblement une rupture conventionnelle dans laquelle j'abandonnerai une bonne partie de mon ancienneté : mes années FR3 non comptabilisées, de même que celles que je viens de passer au CSA alors que la convention collective des journalistes prévoit explicitement qu'elles le soient.

N'ayant pas le droit de donner les détails de cette « transaction », je dirai simplement qu'elle ne couvre même pas financièrement les deux ans sans revenus auxquels je suis condamné. Et que pendant ce temps-là mes droits à la retraite sont arrêtés.

Après Debré qui m'a nommé officiellement, un deuxième interlocuteur me semble bien placé : Dominique Baudis, défenseur des droits et, accessoirement, ancien président du CSA. Mieux que personne, il connaît les pouvoirs d'un membre de l'instance qu'il a dirigée jusqu'à mon arrivée. Auparavant, nous nous étions croisés professionnellement à la fin des années 1970, au début de ma carrière à FR3, où il présentait le journal du soir. Nous ne nous connaissons pas pour autant et il n'a aucun cadeau à me faire. La nuque raide comme toujours, il m'écoute dans son bureau en ce mois de janvier 2014.

J'ignore tout de sa maladie et il n'en laisse rien paraître. Son avis est simple : je dois et je peux retourner à France Télés « ou alors qu'ils vous indemnisent pour les deux années d'interdiction d'exercer qui vous sont imposées ».

Ça paraît si logique dans la bouche de celui qui après son mandat a dirigé l'Institut du monde arabe avant de créer le poste de Défenseur des droits !

En le voyant pour la dernière fois, je tente une plaisanterie.

– Je peux ouvrir un dossier chez vous pour discrimination ?

Il sourit sans un mot en me raccompagnant.

Quelques jours plus tôt, traditionnelle cérémonie des vœux au Sénat. Le président Jean-Pierre Bel a été mis au courant de mon affaire par un ami ariégeois commun. Pour me montrer son intérêt, son cabinet m'a installé dans le carré réservé aux officiels. Ce qui rend hystérique une ancienne collègue de bureau reléguée, elle, derrière le cordon censé marquer les territoires protocolaires.

Pendant les discours, me voilà donc au milieu de la moitié du gouvernement Ayrault. Jamais à l'aise dans ces circonstances, j'ose tout de même saisir l'occasion d'alerter quelques hauts responsables de la République réunis à portée de main au moment des petits-fours.

À commencer par le président de l'Assemblée à qui

j'explique la situation scandaleuse dans laquelle je me retrouve.

– C'est incroyable ça ! estime Claude Bartolone.

– Vous savez, c'est à cause d'un texte de loi voté par le Parlement, ai-je le temps de répondre avant que le locataire du perchoir au Palais-Bourbon me demande de prendre contact avec son cabinet.

Ce que je ferai dès le lendemain par des mails détaillés qui resteront lettres électroniques mortes.

Manuel Valls, alors ministre de l'Intérieur et que j'ai connu jeune conseiller au cabinet Rocard, me demande comment je vais.

– Vous voulez une réponse franche ? Mal…

Lui aussi m'écoute répéter mon couplet et se tourne vers son conseiller.

– Yves, faut voir ça.

Aucun de mes messages au conseiller en question dans les jours suivants ne recevra un début de réponse.

Christiane Taubira m'aborde et je vide mon sac. Comme Valls, elle ouvre des yeux ronds et se tourne vers Bartolone. Stratégie du retour à l'envoyeur très utile en politique.

– Faut faire quelque chose, Claude.

Oui mais quoi ? Alléger la loi ? À l'avenir, certainement. De toutes les façons, cela ne pourra s'appliquer à ma petite personne… Proposition tout à fait désintéressée donc. Dans l'immédiat, je n'en demande pas tant. Juste une reconnaissance de l'injustice de ma situation.

Dans la galaxie politique que j'aurai tenté d'alerter avant de contre-attaquer en « déballant » ma bile, deux étoiles filantes : Jean-Marc Ayrault et Harlem Désir. Au premier je suis allé déposer moi-même à Matignon une lettre de candidature pour le poste de commissaire à la Diversité dont il venait d'annoncer la création. Pas même un accusé de réception. Quant au second, que j'ai connu quand je couvrais la naissance de SOS Racisme, il était à l'évidence débordé en tant que premier secrétaire du PS et je l'ai trouvé un peu éloigné des questions d'égalité. Personne ne me rappellera jamais, tous étant peut-être persuadés que j'ai touché le gros lot en quittant France Télévisions et que j'ai largement de quoi vivre en attendant de retrouver un job dans deux ans à la télé. Tous persuadés, sauf mon banquier qui a du mal à comprendre !

Chômeur interdit de recherche d'emploi !

Voilà ce que je suis devenu, au moins dans le secteur où j'ai fait toute ma carrière. La conseillère de Pôle Emploi avec qui j'ai rendez-vous me regarde avec un mélange de stupéfaction et de curiosité.

Elle doit se demander ce que je fais là et surtout quel job elle pourrait bien me proposer en dehors de mes compétences. En plus de trente ans de travail, je n'avais pas connu un seul jour de chômage. Alors que j'étais encore étudiant, je travaillais déjà dans les stations régionales de FR3 comme pigiste.

À peine ma maîtrise décrochée après mon mémoire, en juin 1978, j'ai multiplié les contrats à durée déterminée jusqu'à obtenir dès l'automne 1979 un CDI.

D'origine maghrébine elle aussi, mon interlocutrice de Pôle Emploi, visiblement désemparée, quitte son bureau à deux reprises pour parler à ses supérieurs. Quelle case cocher dans les formulaires habituellement remplis par les demandeurs d'emploi ? Et que proposer à ce monsieur de la télé qui n'a plus le droit d'en faire ? Nous remplissons tant bien que mal ce formulaire « d'aide au retour à l'emploi » et passons à la question des indemnités. Je découvre alors que le CSA tente de faire calculer mes allocations sur le dernier salaire perçu à France 2 en 2006. Comme si mon passage au CSA n'avait pas existé au regard de la législation du travail. Six ans d'activité inexistante !

D'ailleurs, lorsqu'un peu plus tard, j'aurai besoin d'un simple certificat de travail réclamé par la Sécurité sociale, mon ancien employeur refusera de me le fournir. À croire que j'ai été un travailleur clandestin payé par l'État. Presque un sans-papiers.

Encore une grande première, je serai donc le premier sans-emploi, dans le pays, indemnisé sur la base d'une rémunération remontant à sept ans ! Même avec beaucoup d'imagination et un peu de résignation, impossible d'accepter cette injustice supplémentaire.

Pour la première fois, un responsable digne de ce nom prend en charge la question au cabinet du ministre chargé du Travail. En moins de quarante-huit heures, les calculs sont refaits et sur « ce point de détail », j'obtiens gain de cause. Un pretium doloris bien mince. Et voilà comment on gonfle le nombre de sans-emploi : dans la France des plans sociaux, j'ai mal pour ceux qui se battent chaque jour en espérant retrouver un peu de dignité à défaut de travail. Moi, je n'ai droit ni à l'un ni à l'autre !

J'ai honte de donner l'impression de mendier après avoir cotisé pendant près de trente ans à toutes les caisses de prévoyance, persuadé que cela pourrait tout au plus profiter à des moins « privilégiés » que moi.

Par une ultime indiscrétion, j'apprends que la nouvelle présidence du Conseil supérieur de l'audiovisuel – qui ne voyait pas de problème à mon retour à mon douar d'origine – avait demandé discrètement à l'hôtel Matignon une étude juridique sur mon cas pour éviter de créer une jurisprudence en prenant en charge les indemnités de chômage d'un ex-conseiller.

Face à ce que je considère comme de l'injustice légale, après avoir essayé de régler mon cas par la négociation tout d'abord puis par information des intéressés, j'ai renoncé à convaincre ceux qui n'en pouvaient mais.

Dans ces moments-là, il faut convoquer les philosophes pour prendre du champ : « Toutes les contraintes du monde ne feront pas qu'un esprit un peu propre accepte d'être malhonnête. » Camus. Lui à qui l'on a faussement fait dire qu'il préférait sa mère à la justice !

Plus prosaïquement, la loi – que j'ai tant défendue dans ces pages – n'avait visiblement pas prévu qu'un membre d'une autorité de régulation puisse avoir l'idée saugrenue de travailler après son mandat. Conseil aux candidats au Conseil : n'y allez que si vous êtes proches de la retraite ou si vous êtes très fortunés, voire les deux. Je ne réponds pour ma part à aucune de ces conditions.

Désormais, le président de la République ne nommera plus que le président du CSA. En janvier 2015, deux nouveaux membres seulement ont été désignés par le parlement. Une prof des sciences de l'information dirigeant un institut de presse, et un ingénieur des télécommunications. La première pourra retrouver ses étudiants après son mandat, le second sera largement à la retraite puisqu'il va fêter cette année ses soixante-cinq ans… Après cet âge, on ne peut devenir membre du CSA pour ne pas faire de celui-ci une maison de retraite dorée et « argentée » ! À deux mois près, ce fut pourtant le cas de Patrice Gélinet qui a su se trouver un point de chute juste avant la date fatidique et que j'ai eu la faiblesse d'accueillir à son arrivée avec chaleur.

Oubliant sa jeunesse sulfureuse pendant laquelle il s'intéressait tant aux valeurs prônées par le mouvement Occident, j'ai préféré m'intéresser à l'ancien prof d'Histoire attentif à l'Orient compliqué…

Les hommes ont le droit d'évoluer et même de s'améliorer. Pour lui, comme pour tous ceux qui ont rejoint le CSA après moi, j'ai fait preuve d'ouverture d'esprit, les accueillant tous en les conviant à déjeuner ; puis les aidant à éviter les écueils dont je n'avais pas été prévenu. Trop bon, trop... Peu importe qu'aucun n'ait jugé utile de me rendre la politesse depuis mon départ.

Mention particulière tout de même à cet homme de radio qui m'a valu la plus grande honte de mon mandat : l'audition pendant laquelle il a longuement interrogé le patron de Radio France sur l'accès au parking de la maison ronde pour certains « matinaliers » ! Un débat fondamental pour l'avenir de la radio publique ! Mais stop aux anecdotes, même si elles éclairent ce que j'essaie de dénoncer. Alors motus.

*
* *

Préférant garder une image positive de mes six années chez les serviteurs de l'État, petit hommage personnel à la seule conseillère que j'ai regrettée en partant. Francine Mariani-Ducray, femme discrète et efficace. L'archétype du haut fonctionnaire dévoué à sa mission. Accomplissant son apprentissage puis son nouveau travail avec discernement, cette administratrice du monde culturel m'a réconcilié avec la notion de service public. Le comportement d'autres femmes du collège à son égard relève de ce que je choisis de ne pas raconter. Indigne.

Une dernière image avant de refermer la porte de la salle du Conseil : le visage de Sylvie Genevoix dont j'ai hérité du fauteuil à son départ. J'avais à peine croisé la fille de l'écrivain quand elle était productrice sur Antenne 2. La retrouvant des années plus tard au CSA, j'ai tout d'abord eu du mal à travailler avec elle. Mais nous avons vite appris à nous respecter par la suite. Preuve que dans ce cénacle il y avait de la place pour l'estime professionnelle puis personnelle.

Je la savais souffrante à la fin de son mandat mais elle le taira avec courage. Souvent, je me dis qu'elle est partie avec un bien mauvais souvenir des Sages. À ses obsèques, j'ai serré dans mes bras son époux, Bernard Maris. Les terroristes l'ont assassiné dans les bureaux de *Charlie Hebdo*. Cruel destin…

– 6 –

TOUT LE MONDE VEUT PRENDRE SA PLACE

La scène se passe au Pays basque. Un groupe de journalistes amis – ça existe – rentre à l'hôtel à bord d'un 4 × 4 japonais dernier cri après une soirée modérément arrosée. À l'intérieur, Stéphane Tortora de M6, son frère Christophe de France 2, Claude Sérillon, ma femme et moi-même. Notre véhicule d'emprunt est équipé d'un écran télé relié à une caméra à l'arrière pour faciliter les créneaux. À peine sommes-nous descendus de voiture que l'ancien présentateur du 20 heures et votre serviteur se mettent à quatre pattes face au pare-chocs arrière et s'adressant à la caméra : « Madame, Monsieur, bonsoir, voici les titres de ce journal… » Nos trois téléspectateurs nous plébiscitent : 100 % d'audience. La télé rend fou, avait écrit Bruno Masure ; nous, elle nous a appris la dérision face à un milieu où les stars de l'écran ne rêvent que de prendre la place du petit camarade. Une confidence : je me suis toujours demandé si je n'étais pas un imposteur dans ce milieu tellement éloigné de mon éducation. L'avantage de ne pas se sentir à sa place : on peut vous la piquer sans que vous vous défendiez... mais vous ne cherchez pas à prendre celle des autres.

Arrivé au CSA, je n'avais à chasser personne, mais à assumer mon nouveau rôle.

Une ouverture d'esprit obligatoire

L'anecdote que je viens de raconter ne fait qu'éclairer dans quelles dispositions intellectuelles je suis arrivé à fréquenter les étages feutrés où vivent les patrons de la télé. Car le statut de membre du Conseil vous confère l'insigne honneur de tutoyer les grands du PAF du jour au lendemain. À l'exception de Bertrand Meheut, P-DG de Canal+, avec qui je n'ai jamais déjeuné en tête à tête et que j'ai toujours vouvoyé, tous les patrons de l'audiovisuel sont devenus des interlocuteurs réguliers avec qui les échanges ont toujours été courtois voire cordiaux. Ils me connaissaient pour m'avoir vu à l'antenne mais devaient se demander ce que je venais faire là et quelles étaient mes intentions.

Eux, surtout les dirigeants du privé – Tavernost pour M6, Paolini pour TF1 –, m'ont beaucoup appris sans le savoir. Un mandat au CSA est pour un enfant du service public l'occasion de découvrir le fonctionnement de ce que je n'ai jamais appelé des télés commerciales et dont je sais simplement que la vocation est de gagner de l'argent. Sur le plan de l'information, les différences avec le secteur public sont minimes ; côté programmes, les objectifs sont par nature différents mais respectables. Humainement, j'ai rencontré des hommes – peu de femmes encore malheureusement – obsédés à juste titre par les résultats d'audience mais pas forcément malintentionnés vis-à-vis du public.

Leurs buts étaient simplement différents des miens, puisque je venais de la télé publique. Mais face à l'énorme responsabilité d'entrer chez les Sages, il faut faire preuve d'une grande ouverture d'esprit. En échange, mes nouveaux interlocuteurs m'ont permis de découvrir que la télévision est une industrie culturelle plus fragile qu'elle n'y paraît.

Présentateur, je me doutais bien que mon équipe et mon émission faisaient partie d'une chaîne dont les maillons s'ignorent. Au CSA, la cohérence des programmes et des intentions m'est apparue à 360 degrés.

En tant que téléspectateur, peu de programmes déchaînent chez moi un intérêt inconditionnel, mais là aussi j'ai appris à respecter le goût des autres. Scrutant avec la passion d'un entomologiste les émissions qu'apprécie le jeune public vivant sous le même toit que moi, j'ai acquis une forme de tolérance qui m'a poussé à regarder, ou plutôt à voir, des émissions dont j'ignorais jusqu'à l'existence quand je travaillais à la télé.

Malgré tout, je ne sais toujours pas comment on peut pousser certains téléspectateurs à participer à des programmes qui ne les mettent pas en valeur. Pendant mon mandat, j'ai essayé par exemple de convaincre mes interlocuteurs de parler plutôt de télé « dite de réalité ». Ces programmes qui prônent l'exclusion me sont étrangers. Mais la réalité, justement, c'est qu'ils sont regardés. Le panel de jeunes téléspectateurs dont je bénéficie à domicile m'a convaincu qu'il n'est pas dupe de ce qu'il regarde. Alors je m'incline. Le public est roi, il ne faut pas le traiter comme un enfant mais le prévenir des dangers éventuels. « La télé est faite pour ceux qui n'ont rien à dire et tiennent à le faire savoir. » Méditons les paroles de Pierre Dac, chers beaux-enfants...

Mes rencontres au sommet de la tour Mirabeau et dans les salles à manger chic des entreprises audiovisuelles m'ont très vite interpellé sur le nombre de dirigeants passés par des cabinets ministériels. De droite comme de gauche. Dans le privé comme dans le public. Certains sont devenus de vrais experts mais je m'interroge encore sur ce circuit.

Sans bien sûr penser que le mélange des genres et celui des intérêts pourrait poser question. Un peu d'ironie me sert ici de conclusion très provisoire avant de développer mes arguments sur cette notion de conflit d'intérêts qu'on essaiera de m'opposer à partir de la moitié de mon mandat.

Comment ne pas évoquer à ce stade mes relations avec les dirigeants du service public sans donner l'impression de régler mes comptes ou de m'autocensurer ?

Deux chiffres pour commencer objectivement : en près de trente ans de carrière, j'ai connu plus de dix P-DG de la télé publique. Moyenne de vie courte, donc, pour ces dirigeants intrépides.

Au CSA, j'ai participé à la « nomination » d'un président de France Télévisions. Je connaissais Rémy Pflimlin pour l'avoir croisé à l'époque où il dirigeait France 3. Avant son audition à l'été 2010, nous avons échangé au téléphone sur les points qui me semblaient importants de partager : j'ai parlé déontologie et diversité ; il a ajouté indépendance, ce qui me convenait très bien.

Pendant la séance publique précédant la confirmation de son arrivée à la tête du service public, je l'ai interrogé sur ces thèmes pour l'entendre prendre publiquement des engagements que le CSA allait pouvoir suivre de près.

En reprenant à son compte les trois mots clés – déontologie, diversité, indépendance –, Rémi Pflimlin s'engageait vis-à-vis de ma modeste personne. Jamais je n'ai eu l'impression d'avoir en face de moi un futur employeur, encore moins un supérieur hiérarchique. Simplement, un nouveau partenaire avec qui signer un pacte de confiance. L'exercice pouvait paraître délicat sur le moment aux observateurs extérieurs. Après coup, mon bilan, tel que j'essaie de le dessiner au fil de ces pages, prouve que je n'ai été ni plus favorable ni plus critique avec France Télévisions pendant mon mandat. À vous de juger.

Libre de tout engagement contractuel aujourd'hui, je m'autorise modestement un point de vue sur l'avenir du service public.

La crise de la télé publique

Fort de trois décennies d'expérience interne et de six ans d'observation attentive du sommet de la tour Mirabeau, je reste profondément attaché à l'existence d'une télé propriété de tous.

Quitte à choquer : en pleine crise économique, en situation de réduction budgétaire drastique dans tout le pays, n'y a-t-il pas trop de chaînes publiques ? Ont-elles vraiment des vocations assez différenciées pour être complémentaires ?

Dans le monde numérique global au sein duquel France Télévisions n'est plus qu'un media parmi d'autres, il faudra pourtant protéger l'existence de chaînes nationales menacées de disparition par des entreprises mondiales de communication.

Que pèsera France Télévisions face à Google TV si l'on n'y prête garde ? Plus immédiatement, quelle est la vocation de la télé publique aujourd'hui ? Sans aller jusqu'à la comparaison avec les services de La Poste, France Télévisions doit avoir des missions mieux redéfinies pour l'avenir.

Confrontée tout d'abord à la concurrence privée, la télévision nationale avait su survivre dans un premier temps, mais l'arrivée de la TNT et de sa vingtaine de chaînes gratuites a tellement fragmenté l'audience que l'existence même d'un service public pourrait être mise en cause à l'avenir.

L'exemple pas si lointain de la télé nationale grecque obligée de fermer ses antennes pour cause de déficit n'est pas si exotique qu'il n'y paraît.

Actuellement, le seul critère de jugement objectif des programmes de France Télévisions est le nombre de téléspectateurs qui lui sont restés fidèles. Plus de référence à la qualité des émissions et à leurs spécificités. Qui osera définir le rôle de ces antennes financées principalement par la redevance pour servir le public ?

L'État reste le décideur ultime en la matière mais quid des professionnels de l'audiovisuel qui ont permis jusqu'aujourd'hui de faire exister un secteur public face à la concurrence privée, laquelle a imposé ses objectifs et ses méthodes ?

J'ai toujours été frappé par le fait qu'à de rares exceptions près les dirigeants de France Télévisions ont toujours été choisis dans le monde de l'économie de marché ou dans la sphère politique. En regardant dans le rétroviseur, je suis atterré de constater qu'à l'image de ma génération, tous ceux qui ont grandi à la télé publique ont été laminés, écartés des postes de pouvoir. Au fil des décennies, les responsabilités ont été plus régulièrement confiées à des équipes provenant du secteur privé, avec ce que cela suppose d'objectifs divergents.

Comment, et sur quels critères sera désigné celui ou celle qui devra diriger ce secteur qui emploie plus de 10 000 personnes ? Un gestionnaire pour rétablir les comptes de l'« entreprise », comme on ne disait pas il n'y a pas si longtemps en parlant des chaînes nationales ? Un professionnel de l'audiovisuel pour s'attaquer à la question des contenus ? L'enjeu est là, la bataille de l'audiovisuel se gagnera sur la défense de la marque. Bientôt, on ne regardera plus France Télévisions comme un ensemble de chaînes mais comme un producteur de contenus spécifiques qui ont vocation à être vus sur des supports différents : ordinateurs, tablettes, téléphones…

Or depuis des décennies, la production a largement été sous-traitée à des entreprises privées. Parce que les équipes internes au service public coûtent trop cher et que, comme dans la sidérurgie, elles n'ont pas su prendre les bons virages.

Pardon de jouer les oiseaux de mauvais augure, mais en matière de télé publique, la crise est devant nous.

Gestion étatique erratique

L'expérience d'un dossier que j'ai pris en charge pendant mon mandat éclaire ma réflexion sur la gestion erratique du PAF public par l'État : l'Audiovisuel extérieur français. Créée ex nihilo par les pouvoirs publics, cette usine à gaz a produit en moins de dix ans plus de réformes que de matière première pour défendre l'image de la France à l'étranger.

En 2008, décidément *annus horribilis* pour la télévision publique, Nicolas Sarkozy réforme l'Audiovisuel extérieur français né deux ans plus tôt de la volonté de son prédécesseur à l'Élysée : créer un CNN à la française. La première version imagine de faire travailler ensemble TF1 et France Télévisions, une gageure tournant vite à l'impasse. La chaîne privée demandera une somme astronomique pour sortir de l'attelage nommé CFII (Chaîne française d'information internationale) lancé en 2006.

La valse des étiquettes continue avec la création d'AEF (Audiovisuel extérieur de la France), confié à un autre attelage improbable : Pouzilhac-Ockrent. Le publicitaire et la journaliste. Deux cultures aussi différentes que rivales. Inutile de trop revenir sur les épisodes rocambolesques de leur relation sur fond d'accusations de gaspillage ! AEF nid d'espions, ordinateurs piratés, surveillance informatique illégale… Les deux patrons partiront l'un après l'autre au terme d'une bataille juridique épique. Deux ans de perdus et à quel prix ? Peu importe !

Exit donc le duo carpe et lapin et nouvelle réforme en 2012 pour tenter de mener à bien la fusion-rapprochement de France 24 et de RFI (Radio France internationale). Une chaîne récente d'info télévisée à vocation internationale et une radio beaucoup plus ancienne très écoutée, en Afrique notamment. Mariage à l'ancienne sans consentement mutuel.

Interrogé quelques mois plus tôt par la commission parlementaire chargée de démêler les fils de la pelote, je fais sourire : « L'AEF est un couteau suisse, il peut tout faire mais on ne connaît pas sa vocation réelle. »

Derrière la boutade, une réalité : trop de sociétés différentes pour une efficacité difficile à mesurer. Je défends pour ma part ardemment le travail de RFI, dont j'ai pu mesurer les résultats, et la popularité en Afrique. France 24 est trop récente pour être jugée sur sa capacité à propager la « voix de la France ». J'ai fait partie de ceux qui proposaient alors une solution simple : rattacher RFI à Radio France dont elle partageait alors l'immeuble… et même le nom ! Il aurait été facile ensuite de rapprocher France 24 de France Télévisions dont les effectifs sont assez nombreux pour alimenter une antenne internationale. Trop simple ? C'est pourtant ce que concluait en 2012 un rapport officiel confié à Jean-Paul Cluzel. Rapport classé, comme celui de la Cour des comptes qui trois ans plus tôt parlait de réforme chaotique et coûteuse. L'État s'est entêté à garder des entreprises séparées pour les obliger ensuite à… fusionner et à déménager pour l'une d'entre elles ! Mais l'avis d'un simple conseiller du CSA a peu de poids.

Alors qu'est rectifié pour la énième fois le cahier des charges de l'Audiovisuel extérieur de la France, l'autorité à laquelle j'appartiens est interrogée officiellement pour en améliorer la rédaction. Aucune de mes propositions – pourtant adoubées par le Conseil – ne sera reprise par le ministère de la Communication chargé du dossier ! Seule toute petite satisfaction, la réunion de « cadrage » entre les fonctionnaires et les services du CSA aura lieu dans mon bureau. Ma chère assistante Marie-Rose Chovino, qui connaît la maison à tous les étages et les usages de la haute fonction publique au bouton de guêtre près, a fait en sorte que je ne me déplace pas rue de Valois, au ministère. Le protocole sert souvent à installer des rapports de forces. En tout cas en apparence puisque je n'ai pas été entendu, tout au plus écouté poliment.

N'ayant plus de responsabilités, je m'octroie le droit de réitérer mes cogitations en observateur distant mais averti.

Tenu donc à l'écart car l'AEF dépend essentiellement de ses très nombreuses tutelles ministérielles, le CSA est en revanche discrètement remis dans le jeu et habilement interrogé par le nouveau président de la République en 2012. François Hollande ne veut plus nommer directement les présidents de chaînes publiques.

Le chef de l'État demande donc au CSA de l'éclairer sur la « personnalité » apte à mener les réformes à terme. En pleine torpeur aoûtienne, un nom s'impose selon moi : Marie-Christine Saragosse. Elle connaît bien le sujet puisqu'elle dirige TV5, consortium regroupant la France, le Canada, la Belgique et la Suisse… une chaîne francophone installée dans le giron de l'AEF tout en dépendant aussi des volontés de ces pays !

Ajoutez à cela que TV5 était souvent à l'étranger en concurrence directe avec la nouvelle France 24. Plus compliqué comme montage, on n'a pas encore trouvé.

Mme Saragosse maîtrise donc bien les arcanes du dossier mais hésite à être candidate, ne sachant pas précisément quelle sera sa feuille de route. Un vrai-faux appel à candidature est alors lancé par le CSA. Huit CV arrivent quai André-Citroën. Huis clos pour les auditions, même si certains de mes collègues, plutôt proches de l'ancienne majorité, ironisent sur le résultat couru d'avance selon eux. Malgré tout, l'ancienne patronne de TV5 est choisie à la majorité du collège après une présentation de son projet plutôt réussie. Par la suite, elle saura notamment désamorcer le dossier explosif de la fusion RFI-France 24 en organisant le déménagement de la radio aux côtés de la chaîne d'info en continu sans trop de casse. Surtout sur le plan social, ce qui était une de mes préoccupations même si on ne me demandait pas mon avis !

Le couteau suisse est apparemment devenu un Meccano qui pourrait fonctionner. Il ne reste plus qu'à savoir pour quels téléspectateurs ! France 24 est diffusée dans l'outre-mer français mais pas en métropole, à l'exception récente de l'Île-de-France, que la nouvelle présidente du groupe a réussi à obtenir en sachant naviguer entre les obstacles publics et les oppositions du secteur privé redoutant de voir arriver une nouvelle chaîne d'info.

Il faut dire que la France avait réussi en 1993 l'exploit de n'octroyer aucun canal de ce type au service public pour ne pas gêner le lancement de LCI puis d'I>Télé et BFMTV. C'est une exception culturelle mondiale dont nous ne devons pas nous vanter.

N'étant pas dans le secret des dieux à l'époque, je ne dispose que de la version de ceux qui ont travaillé sur le projet au sein de France Télévisions. Nahon et Benyamin, les créateurs d'« Envoyé spécial », chargés de mettre en place un programme d'info en continu, ont dû renoncer au projet très près du but.

Alors que les équipes étaient presque toutes formées, le signal politique venant de Matignon a soudain tout bloqué… L'histoire exacte est encore à écrire. Nouvelle preuve en tout cas que la gestion politico-administrative des chaînes publiques françaises porte en elle les germes de ces décisions contradictoires, de ces réformes stériles mais à répétition.

L'État-actionnaire tient logiquement les budgets mais les structures de décision sont toujours complexes, disséminées entre plusieurs ministères.

À la fin de mon mandat au CSA, j'ai proposé au ministre des Affaires étrangères d'explorer bénévolement les pistes pour définir une vraie diplomatie d'influence audiovisuelle.

Laurent Fabius a très bien reçu ma suggestion : « Étant payé pendant un an pour ne rien faire, je suis à votre disposition pour quelques missions… » Des missions notamment en Afrique où l'arrivée de la télévision numérique en 2015 aurait pu permettre de mieux exposer les chaînes françaises au sein des futurs bouquets TNT sur le continent noir.

Les Chinois ne s'y sont pas trompés, qui vendent déjà sur place des équipements et même des programmes. À nos dépens. La fin de la télévision analogique en France le 30 novembre 2011 a eu une conséquence diplomatique étonnante : du jour au lendemain, les chaînes françaises n'ont plus été reçues au Maghreb !

Personne ne s'en est inquiété alors qu'elles étaient extrêmement regardées. Souvenir personnel d'une soirée, avant la TNT, sur la terrasse de la maison de ma sœur aînée qui vit en Kabylie : les jeunes discutant dans la ruelle comparaient les mérites respectifs des 20 heures de TF1 et de France 2 ! Époque révolue, place laissée aux satellites du Moyen-Orient, notamment, qui ne diffusent pas que des messages démocratiques.

Certes France 24, dans sa version arabe surtout, connaît un certain succès dans ces pays après les révolutions de 2011, mais cette influence est encore difficile à quantifier donc à améliorer. J'aurais aimé m'y employer en mettant à profit mon expérience et mes origines qui me portent naturellement à croire que l'audiovisuel – comme l'école de la République qui m'a tant donné – peut avoir un rôle dans la diffusion des valeurs françaises.

Ma proposition de collaboration à titre gracieux est restée lettre morte, ensablée peut-être dans les méandres du quai d'Orsay. Obstiné comme mes ancêtres berbères, je suis revenu dans le dossier international par la fenêtre.

Dès janvier 2011, passionné par la révolution tunisienne, j'avais secoué le CSA pour que nous allions prêter main-forte à un pays où la télévision d'État avait joué un rôle d'éteignoir du peuple en colère.

« Croisades » en Méditerranée

Malgré de fortes réticences au dernier étage de la tour Mirabeau, je décroche une première mission à Tunis. Clairement, la France n'est plus la bienvenue après quelques frasques ministérielles au pays du jasmin. Devinez lesquelles !

Pour la première fois de ma vie, mon nom me sert de passeport. Les nouvelles autorités tunisiennes veulent remettre leur audiovisuel à plat et cherchent des modèles extérieurs.

Notre ambassade sur place sait se montrer efficace alors que Britanniques, Italiens, Belges défilent avenue de la Révolution pour placer leurs expertises respectives dans le domaine audiovisuel. De colloques en réunions, j'essaie d'effacer l'image d'une France donneuse de leçons de révolution depuis 1789. Au cours d'un dîner avec des amis journalistes tunisiens de retour d'exil, je trouve l'argument qui va me porter : « Vous devez réussir en quelques semaines ce que la France a mis trente ans à créer dans l'audiovisuel : une vraie télévision publique. »

Et d'ajouter mezza voce : « Là-bas aussi, c'est loin d'être parfait ! » Désormais la Tunisie est ma terre de mission et le restera après mon départ du CSA. Les ambassadeurs français qui s'y succèdent me font confiance et me demandent de revenir le plus souvent possible. C'est ce que je ferai régulièrement et *bénévolement* jusqu'à ce que la Tunisie se dote d'un « CSA local ».

J'ai suivi toutes les étapes de cette création longue et compliquée. Mais j'ai la prétentieuse impression d'avoir apporté ma pierre à l'édifice. C'est même une fierté de savoir que ce CSA tunisien, la HAICA, Haute autorité indépendante de la communication audiovisuelle tunisienne, est inscrite dans la nouvelle Constitution. En France, ce n'est toujours pas le cas et le CSA pourrait très bien disparaître d'un trait de plume si le pouvoir le souhaitait.

Avec le Maroc, mes relations audiovisuelles datent également de ma période de représentant d'une institution française. Avec à chaque mission le sentiment d'être mieux écouté sans doute parce que je suis né sur la même rive de la Méditerranée que mes interlocuteurs. À Rabat aussi, les échanges se poursuivront après mon mandat officiel.

Récemment encore, les membres de la HACA du Maroc, cousine du CSA, m'ont convié à ouvrir avec eux le chantier de la représentation des minorités sur les télés marocaines. Connaissant mon travail dans ce domaine en France, mes alter ego marocains s'inspirent de nos méthodes pour aller plus loin dans l'acceptation des composantes berbères, africaines et arabes dans leur société et sur ses écrans.

Lors de mon dernier passage à Rabat, l'ami marocain qui gère ce dossier sur place m'a taquiné : « Puisque la France t'interdit de travailler, on en profite. » Il va de soi – mais je le dis quand même – qu'au Maroc également, j'assure ce petit job bénévolement.

Et puis, il y a mon Algérie natale et chérie. Pendant mon mandat, les administrations n'ont pas réussi à se mettre d'accord pour une visite « protocolaire ». Invité par un ancien ministre de l'Information à Alger il y a quelques années déjà, j'avais finalement décliné, craignant d'être instrumentalisé ou récupéré. Redevenu un « homme libre » après le CSA, et aidé par un ami journaliste franco-algérien et un de nos anciens ambassadeurs, je suis allé à la rencontre de la presse algérienne qui s'est si bien battue pour sa liberté et craint aujourd'hui d'être muselée.

Rencontre émouvante et poignante pour essayer de partager l'idée que l'on peut réguler l'audiovisuel sans forcément vouloir le contrôler. Là-bas comme ici, affirmer que la presse n'est pas libre dans l'absolu. Elle gagne cette liberté en échange d'une prise de responsabilité. Pendant ce séjour, Camus m'a bien aidé, lui qui disait aimer le journalisme et détester la presse !

En 1939, il avait essayé de publier dans *Le Soir républicain* d'Alger un appel à ses confrères « pour lutter contre les liens incestueux entre la profession et les puissances d'argent ». Tout rédacteur en chef qu'il était, son texte fut censuré. Et quelques mois plus tard, le quotidien était purement et simplement interdit par le gouverneur d'Alger à la solde du pouvoir de Vichy.

L'écrivain-journaliste poursuivit sa lutte dans l'équipe de *Combat* à Paris : « Nous pensions souvent qu'un pays vaut ce que vaut sa presse. » En parsemant ma conférence à l'université d'Alger d'autres citations d'un auteur que l'Algérie d'aujourd'hui hésite encore à aimer, j'en appelais à la responsabilité de journalistes ayant connu deux guerres dans leur pays après que Camus eut cherché à donner une dimension philosophique au devoir d'informer.

D'Alger à Rabat en passant par Tunis, mes interventions ont toujours été volontaires et désintéressées. Un enfant finit toujours par rendre ce qu'on lui a inculqué. Arrivé à mon âge, j'aime dire que l'Algérie est ma partie d'inné et la France mon acquis. Que j'atteins le moment où l'on cherche l'équilibre entre les deux extrémités de sa vie.

Envie de transmettre

Ce point d'équilibre est peut-être à l'horizon. Ayant bénéficié à l'école, à la télé comme au CSA du statut d'éternel apprenti, l'idée m'est naturellement venue de transmettre à mon tour. Envie qui m'avait déjà incité quelques années plus tôt à enseigner dans différentes écoles de journalisme françaises. Celle de Lille, puis le Centre de formation des journalistes de Paris et enfin le Celsa-Sorbonne avec le titre de maître de conférence pendant trois ans.

En réalité, le journalisme ne s'apprend pas plus qu'il ne s'enseigne, tout au plus un professionnel peut-il léguer à des étudiants ce qu'il croit bon de faire. De ces années épuisantes d'échanges parfois tendus, je garde la fierté des quelques « élèves » qui depuis ont fait leur chemin : Catherine Nayl, directrice de l'info de TF1,

Laurent Guimier à France Info et de nombreux autres à qui j'ai essayé de confier ma part de vérité sur le métier qui est devenu le leur.

Au gré de mes responsabilités à la télé, j'en ai retrouvé plusieurs sur mon chemin. Deux d'entre eux provoquent encore un sourire de gamin farceur sur mon visage quand je les vois ou les entends sur le petit écran.

Le premier s'appelle Patrick Fandio et travaille comme grand reporter sur la Une. À la fin de ses études, j'ai glissé son court CV dans la liste des stagiaires d'été de France 2. La procédure voulant alors que le candidat fournisse une cassette de quelques travaux d'école, son visage n'apparaissait pas et le responsable des stages m'appela, ayant lui aussi été impressionné par les qualités potentielles de ce journaliste : « Il est pas mal, mais il n'a pas un petit accent ? »

Hasard de la vie professionnelle, celui qui m'interrogeait ainsi avait été mon prof à l'école de journalisme de Strasbourg. Christian-Marie Monnot, alors rédacteur en chef à FR3 Nancy. Il m'avait appelé quelques semaines après mon diplôme en prenant l'accent maghrébin pour me proposer quelques piges ! Vingt ans plus tard, je lui rendais la monnaie de sa pièce en défendant mon protégé : « Un accent ? Ben non… » Le lendemain, il découvrait dans son bureau un stagiaire noir et il m'a avoué avoir bien ri de mon coup de pied de l'âne à retardement. Le petit étudiant franco-camerounais a fait depuis son chemin comme un autre de mes chouchous : Éric Hannezo, qui dirige aujourd'hui une belle entreprise de production audiovisuelle.

Je l'ai découvert en encadrant un stage de perfectionnement au Centre de formation des journalistes de

Montpellier. Ce jeune garçon à qui je trouvais beaucoup de qualités dans l'écriture audiovisuelle refusait d'envisager de travailler à la télé ! Une utopie sociale pour lui. Jusque dans l'avion qui nous ramenait à Paris, je n'ai eu de cesse de convaincre le récalcitrant de ses chances sur une chaîne. Avec un look très différent de la moyenne de mes étudiants, il a osé se présenter au service des sports de France Télévisions dont il est devenu très rapidement l'une des plus jolies plumes.

Pardon à ceux que je ne cite pas ici mais dont j'ai croisé le chemin avec une exigence d'écriture et de maîtrise de la langue qui aurait pu me faire détester d'eux.

Pas étonnant que dans cette longue liste je n'aie retenu que deux profils atypiques que rien ne prédisposait à travailler à la télévision. Pour moi, la personnalité transparaît vite chez ceux qui « crèvent l'écran », à la différence des présentateurs stéréotypés et clonés qui peuplent les antennes.

Ils sont si nombreux à me sembler transparents et interchangeables à force de recourir aux mêmes mimiques pour tenter d'exprimer le drame ou l'humour. Certes, la nouvelle génération a grandi avec la caméra comme outil mais mon propre beau-fils est capable de singer chacun des présentateurs qu'il écoute sans les regarder.

Moi le timide, j'aimais dire que je draguais la caméra ; devenue une femme de petite vertu, elle m'attire moins. Quand l'amour s'en va…

Mon bâton de pèlerin

Plus envie donc d'essayer de transmettre dans les écoles françaises car aujourd'hui c'est l'étranger qui m'attire. L'étranger familier puisque mes fréquents séjours au Maghreb ont réveillé en moi le devoir de partager mon expérience dans des pays où la démocratie audiovisuelle est en chantier. Ne retenant jamais la France comme référence idéale – il y aurait encore tellement à faire ici pour redonner du crédit aux media –, j'ai donc pris mon bâton de pèlerin agnostique pour traverser la Méditerranée.

Envie de me confronter aux journalistes tunisiens ou algériens qui se sont plus battus que moi pour la liberté d'expression puisqu'ils partaient du néant. De Tunis me reste notamment le souvenir de mon passage à l'Institut de formation des journalistes. Créé sous le régime de Benali, cette université devait tout d'un coup enseigner le contraire de ce qui avait été professé pendant plus de vingt ans : la presse n'est pas le thuriféraire du pouvoir.

Pendant plusieurs heures, j'ai répondu aux étudiants ivres de leur nouvelle liberté ; je me souviens surtout des jeunes filles bravant avec courage les interdits religieux qui voudraient faire d'elles des êtres humains de second rang.

Ce jour-là, j'ai compris ce que l'indépendance de la presse pouvait apporter à une révolution. Et je me suis senti utile.

Même émotion face aux futurs journalistes marocains rencontrés à Oujda, ville frontière avec l'Algérie. Invités par l'enfant du pays Abdelatif Benazzi, ancien capitaine de l'équipe de France de rugby qui se dévoue pour les jeunes écoliers de sa région, PPDA et moi avons passé quelques heures à débattre avec une jeunesse qui n'a plus la seule France comme horizon.

J'ai adoré ces instants où j'ai défendu les conceptions françaises de la liberté sans jouer les néo-colons donneurs de leçons. Le Maghreb a tant à nous faire partager. Et nous l'ignorons.

À Alger, d'une conférence que je ne voulais pas magistrale, il me reste l'échange avec un journaliste islamiste qui m'accusait d'avoir censuré au CSA une chaîne iranienne pour propos antisémites, et surtout les larmes d'un autre représentant de la presse venu de la région de Ghardaia me dire pourquoi il n'avait pas les moyens d'honorer son métier. Je me suis retenu pour ne pas pleurer.

À Tunis comme à Alger, Rabat ou Oujda, j'ai essayé d'expliquer que la liberté de la presse ne consistait pas à dire n'importe quoi sous prétexte d'avoir été privé de parole auparavant. C'est un principe pour moi : ne pas profiter de son métier pour donner son avis personnel mais ne pas avoir peur de le faire quand les circonstances l'exigent.

Mes convictions et mon expérience, j'ai voulu les partager et en faire profiter des journalistes qui n'étaient pas installés dans le confort bourgeois d'opposants quasi systématiques de beaucoup de professionnels français « éditorialisant » leurs humeurs.

J'aurais tant aimé que la France continue de donner une bonne image d'elle-même et réussisse à accompagner les révolutions arabes autrement qu'avec des jugements de valeur. Pour cela, j'ai essayé de décortiquer le fonctionnement de notre politique en matière de coopération audiovisuelle. Avec Canal France international, le pays dispose d'un outil qui devrait officiellement permettre à des journalistes français d'intervenir à l'étranger pour des cycles de formation et d'échanges. Une agence qui ressemble plus à un bureau de voyages pour journalistes désœuvrés. J'ai commis une note sur les dysfonctionnements de ce service dépendant du Quai d'Orsay. Une note qui m'avait été demandée « en haut lieu » et qui dort certainement dans un tiroir de la République.

Ce long détour par l'étranger – où j'ai donc le droit de travailler ! – m'a fait revenir à cette question lancinante depuis la fin de mon mandat au CSA : pourquoi m'avoir demandé pendant six ans de devenir un expert des questions audiovisuelles et m'interdire ensuite de mettre à profit cette expérience ?

Risque de conflit d'intérêts, me fait-on valoir régulièrement. Pourquoi ? J'étais membre de France Télévisions avant d'arriver au CSA. En quoi le fait d'y retourner aurait-il été un avantage indûment acquis ? Quels intérêts financiers ou stratégiques mettant en péril l'équilibre précaire du PAF aurais-je pu détenir ? Mystère.

Le fait est que ces règles draconiennes pousseront désormais les professionnels de l'audiovisuel à hésiter avant d'entrer au CSA trop jeunes pour ne pas se retrouver en préretraite avant l'âge. Veut-on une autorité composée essentiellement de personnalités extérieures au secteur ou de spécialistes cherchant une fin de carrière paisible ?

Depuis que je suis privé de télé, tous les jours je m'interroge sur la notion de conflit d'intérêts qui pourrait m'être opposée si je réapparaissais sur une chaîne, même en coulisses.

Énigmatique conflit d'intérêts

Étrange concept de conflit que la France décline à tous les modes, mais qui gagnerait à être précisé pour l'apprenti juriste que je finirai par devenir si un vrai spécialiste n'arrive pas à répondre à mes interrogations. Le conflit d'intérêts n'existe pas dans la loi française. Par défaut, on le définit comme une opposition entre les missions d'un agent public et ses intérêts privés. Cela voudrait dire que la neutralité et l'impartialité de la personne concernée pourraient être mises en cause dans la façon qu'elle a d'accomplir sa mission du fait de ses intérêts personnels.

Étrange, mais cela ne semble pas me concerner. J'ai accompli ma mission sans en profiter pour protéger ou améliorer mes intérêts privés : je n'en ai pas ! Mon passage au CSA ne m'a rien apporté si ce n'est quelques ennuis, pour rester poli. Pourtant si je comprends bien, ce qui m'est interdit aujourd'hui, c'est la prise illégale d'intérêts. Ça fait peur, non ?

La loi m'interdit toute participation par travail, capital ou conseil à une société dépendant du CSA ! Imaginez bien que même si je donnais un conseil gratuit à une chaîne française, je risquerais une condamnation pénale !

Petit cours de droit pour les nuls, dont je fais partie.

Dans le code de déontologie du CSA fourni après mon arrivée, il est explicitement exposé l'impossibilité de prendre des intérêts dans une entreprise dont on doit assurer la surveillance. Clair et normal de ne pouvoir être rémunéré par France Télés – ou d'autres chaînes – pendant mon mandat. Le même code renvoie à l'article 5 de la loi audiovisuelle qui prévoit, lui, que pendant un an après le mandat les membres du Conseil sont « soumis aux dispositions de l'article 432-13 du code pénal… » Problème, cet autre article dit que l'interdiction est de trois ans ! Comment respecter pendant un an une disposition prévue pour trois fois plus de temps ?

J'ai encore un peu de paracétamol… car ce n'est pas fini. Ajoutez à cela que, comme dans les contrats d'assurance, ce « détail » incompréhensible est écrit en petit dans les annexes du document que l'on m'a fourni *après* mon installation… et vous comprendrez pourquoi même les juristes de France Télés n'ont pas su saisir la subtilité des textes et m'ont accordé un an de détachement à l'issue de mon mandat. En faisant référence à tous ces textes qui « miroitent », comme disent les connaisseurs, France 2 m'a écrit noir sur blanc que je pourrais donc reprendre ma place le 22 janvier 2014. Le tube d'aspirine étant vide, un dernier détail pour vous détendre : dans les documents fournis par le CSA après mon installation, le délai d'interdiction était de cinq ans ! Découvrant cela, je demande à la directrice juridique de m'expliquer. Réponse : « Pardon, le document que vous avez n'est plus valable… depuis les députés ont réduit de deux ans l'interdiction. » Incroyable : dans une institution de la République peuplée de juristes assermentés, on m'a fourni par écrit de fausses informations juridiques ! Six mois plus tard, quand France Télés m'enverra enfin ma lettre de détachement en date du 15 juin 2007, la nouvelle directrice juridique du Conseil me répondra : « On me dit que c'est possible, alors ça doit l'être… » Pour moi, une seule chose est sûre, trop tard pour faire marche arrière, d'autant que les « sachants » du CSA m'ont laissé comprendre que tout cela n'était pas grave. Ils ne voulaient surtout pas voir démissionner un membre six mois après son arrivée. Rassuré, je ne m'en suis plus occupé. Le piège s'est refermé sans que je m'en doute.

Vous avez toujours mal au crâne ? Moi aussi, alors plaçons-nous sur le plan moral vers lequel de beaux esprits ont voulu m'entraîner faute d'arguments juridiques clairs.

Je n'aurais pas, selon eux, le droit moral de retourner chez mon employeur parce que je l'ai contrôlé. Mais c'est parce que je travaillais à la télé que l'on m'a proposé cette mission d'expertise. Une fois terminée cette parenthèse, quel intérêt aurais-je pu retirer du fait de retrouver une place que j'occupais avant ? Pour le même salaire et avec une ancienneté suspendue pendant mon absence… Qu'aurais-je gagné au passage ? Rien.

Question posée aux parlementaires qui écrivent la loi et ont du mal à se l'appliquer parfois. Comme beaucoup de Français, j'aurais pu en effet m'interroger sur le cas d'un ex-député devenu secrétaire d'État et obligé de démissionner parce qu'il ne payait pas ses impôts, ses loyers, ses contraventions, etc. Rien ne lui interdit pourtant de retrouver son siège au Palais-Bourbon. Mais bon, bon...

Que dire de l'ancienne ministre de la Francophonie non reconduite au gouvernement parce qu'elle était accusée de ne pas avoir déclaré tout son patrimoine… audiovisuel notamment ! Malheureusement la liste des politiques soupçonnés d'avoir triché s'allonge, mais malgré tout je ne veux pas participer à l'opération « tous pourris ».

Évitons donc les comparaisons douteuses et restons sur la question éthique qui m'intéresse : quand un citoyen est désigné à une fonction publique temporaire, peut-il retrouver une activité normale à l'issue du mandat ? Non et c'est injuste.

Au passage, j'attends toujours la réponse d'un des députés à l'origine de la dernière modification des textes sur les interdictions concernant les anciens membres du CSA.

Quand je l'ai croisé à une cérémonie de vœux en janvier 2014, il avait l'air de découvrir certaines carences de la loi. Après lui avoir transmis tout mon dossier, j'ai eu la naïveté de croire qu'il aurait la curiosité de s'interroger sur le bien-fondé de cette loi. Je me faisais une autre idée du rôle d'un élu de la représentation nationale que je croyais attentif aux conséquences concrètes de textes votés dans l'absolu pur de l'hémicycle.

Inutile de dire son nom – d'ailleurs personne ne le connaît –, lui se reconnaîtra. Et finira peut-être par me répondre plutôt que de renvoyer à leurs chères études tous ceux que mon cas a scandalisés dans le milieu audiovisuel où la fidélité est pourtant une denrée rare. Car il s'est trouvé quelques courageux parmi les responsables du secteur à avoir tenté de sauver ma tête de la guillotine du déshonneur en place publique. Tous m'ont dit qu'on les rassurait en haut lieu : « Ne vous inquiétez pas, on va arranger ça. » On a vu.

Une de ces personnes m'a même proposé de m'engager, faisant fi de la menace d'une condamnation solidaire. Je n'ai pas voulu lui faire courir ce risque.

La loi n'est pas la même pour tout le monde…

Pour en finir avec le parallèle entre ma situation et celle d'un politique en fin de mandat : je n'ai rien demandé, contrairement à ceux qui ont brigué un poste auprès des électeurs. Étrangement, ceux qui ont écrit la loi m'interdisant d'exercer mon métier retournent, eux, sans difficulté à la vie civile. C'est le cas des députés, mais pas seulement.

Un ancien ministre bénéficie de quelques avantages après son passage au gouvernement, ce qui ne me choque pas mais que dire lorsqu'une ancienne ministre de la Communication dirige la communication – justement – d'une entreprise de téléphonie… Conflit d'intérêts ?

Ou lorsqu'un ex-présentateur télé devenu aujourd'hui ex-ministre de la Communication a pu officier sur une antenne de radio publique dont il avait eu la tutelle directe ? Conflit d'intérêts ?

Un ex-président du CSA a le droit, après un an de carence, d'entrer dans un grand cabinet d'avocats et personne n'y trouve à redire tant qu'il ne traite pas de dossiers audiovisuels. Cela ne me choque pas.

Mon collègue Méar a, lui, retrouvé son corps d'origine : le Conseil d'État. Lui non plus n'a plus le droit de s'intéresser aux questions audiovisuelles. Pourtant c'est le Conseil d'État qui est le juge suprême des décisions du CSA.

Un regard avisé y serait-il forcément malveillant ou suspect ? Ma réponse est non. De telles personnalités pourraient au contraire éclairer les grands débats sur l'avenir de l'audiovisuel avec compétence et recul.

Ultime argument massue : les membres de l'autorité qui régule les télécommunications, l'Arcep, jumelle du CSA pour la téléphonie notamment, ont apparemment le droit de travailler dans ce secteur très concurrentiel après leur mandat. Et pourtant, ils sont soumis sur le papier aux mêmes interdictions que ma modeste personne. Trois ans sans exercer dans le secteur qu'ils ont contrôlé.

Un exemple sans la moindre animosité : une très compétente conseillère de l'Arcep, après une brillante carrière notamment auprès du ministre des Télécommunications, a pu rejoindre un an après son mandat une entreprise travaillant dans le secteur des télécommunications ! Pourtant c'est l'Agence de régulation des communications électroniques et des postes qui gère le monde des télécommunications autrement plus « concurrentiel » que celui de l'audiovisuel. La régulation des sociétés Orange, SFR, Bouygues et autres met en cause des enjeux économiques sans commune mesure avec celui des media.

Comme l'aurait dit le magicien Garcimore : « Y a oune truc ! » Pas d'ironie de ma part, juste un constat : une loi, deux mesures.

Échec donc, dans ma tentative d'alerter les politiques sur l'écran de fumée créé au nom de la transparence ! Le climat de mise en cause de la classe politique et des institutions du pays étant suffisamment délétère, mieux vaut briser là et revenir à ma petite personne.

Moralité – si l'on peut dire – de mon affaire, un journaliste nommé par la République pour une mission de service public est forcément soupçonné à double titre : il a quitté son monde d'origine en se « compromettant » avec les décideurs et par ailleurs il ne peut revenir dans le monde réel puisqu'il en saurait trop sur les coulisses des media que le grand public n'aurait pas le droit de connaître. Je me devais de le dénoncer. Voilà qui est fait, quoi que cela pourrait me coûter.

Pour la petite histoire, sachez que si une nouvelle chaîne se créait demain en France, j'aurais le droit d'y travailler et même de la diriger puisqu'elle n'était par définition pas sous la compétence du CSA au moment où j'y siégeais ! Cocasse.

– 7 –

LES DOSSIERS DE L'ÉCRAN

Télé-Luxembourg. Cette chaîne a bercé ma jeunesse en Lorraine. On y voyait les séries *Max la menace* et *Zorro* ainsi que les *Laurel et Hardy* avant la France. Programme phare : « De nos clochers », émission de proximité pour laquelle les téléspectateurs envoyaient des cartes postales de leur village, d'un côté ou de l'autre de la frontière. Du Pierre Bonte avant l'heure de « Bonjour monsieur le Maire », ce qui a dû inconsciemment – et de façon lointaine – influencer l'émission que je présenterai quarante ans plus tard le dimanche sur France 2…

La télé française, pour moi, c'était « Les Dossiers de l'écran » et les actualités régionales de FR3. Deux musiques de générique qui résonnent encore dans mes oreilles.

À l'écran, un dossier cartonné qu'une main presque invisible feuillette : Armand Jammot présente... Joseph Pasteur puis Alain Jérôme apparaissaient après les notes angoissantes de *Protest, spirituals for orchestra,* de Morton Gould.

Les dossiers de l'écran : ce soir *Nuit et Brouillard.* J'ai longtemps cru que ce n'était qu'une émission sur la guerre ! Mais on n'a jamais refait aussi simple et efficace : un film, un débat. Débat que je suivais depuis l'escalier qui menait à ma chambre, à cause du couvre-feu télévisuel fixé à 22 heures au domicile familial.

Créée en avril 1967, l'émission fut hebdomadaire pendant quatorze ans. Mensuelle ensuite de 81 à 87… Dernier numéro en août 1991 alors que ce programme n'était déjà plus diffusé que deux fois par mois. Une leçon à tirer de la disparition de ce dinosaure ? Quelle météorite l'a tué ? Question que l'on pourrait prolonger pour d'autres symboles télé : « Apostrophes » a-t-il disparu à cause des programmateurs ou des téléspectateurs ? Répondez, Pivot !

La musique qui accompagnait le décrochage précédent les actualités régionales était plus sobre mais la première fois que je l'ai entendue, dans un studio de FR3 Nancy, j'ai pensé à ma famille qui passait à table à cette heure-là. 19 heures 19 minutes et 59 secondes car toutes les régions devaient prendre l'antenne en même temps. Le journal durait vingt minutes et pas une seconde de plus sous peine d'être coupé par le programme national.

Voilà pourquoi plus tard une scripte qui travaillait avec moi sur « J'ai rendez-vous avec vous » disait que j'avais dû avaler un chronomètre dans ma jeunesse. L'éducation par la télé, c'était aussi pour moi l'apprentissage de l'exactitude. Aujourd'hui encore, je vis au rythme de la précision horaire, ce qui peut me rendre insupportable pour mes proches.

La musique des génériques télé, c'est la signature de l'émission. Quand Emmanuel Maquaire, qui peaufinait avec moi le concept de RDV, me fit entendre les notes d'*Un air de famille*, le film de Cédric Klapisch, le choix fut évident. Partition signée Philippe Eidel, pour répondre à ceux qui aujourd'hui encore veulent retrouver cette œuvre nostalgique. Autant les génériques des JT faisaient monter ma tension avant que le présentateur salue le public, autant les notes choisies pour mon rendez-vous du dimanche sonnaient comme une promesse de douceur et de convivialité quel que soit le thème abordé ensuite.

De Télé-Luxembourg au CSA

Téléspectateur, puis acteur de la télé, je suis devenu « juge » de ce qui passe sur les écrans. Ne croyez pas pour autant que le Conseil supérieur de l'audiovisuel soit un organisme chargé de donner son avis sur les programmes ! Une fois de plus, la loi est floue : « Le CSA veille à la qualité des programmes », dit le texte voté par le Parlement en 1986 ; dans la réalité, nous n'avons jamais eu de débats sur ce thème. Quelle objectivité aurions-nous pu avoir ? Les avis étaient aussi nombreux que les conseillers. En plus, les chaînes ne manquaient pas une occasion de nous mettre hors jeu, prétextant le premier article de la loi : « La communication audiovisuelle est libre... » La notion de qualité est forcément subjective et n'entre pas en ligne de compte pour l'autorisation ou non d'une nouvelle chaîne. Quels sont les critères alors ? Comment, pourquoi, quand et à qui le CSA peut-il attribuer une fréquence à une télé ou une radio ? C'est selon moi le plus important pouvoir de cette institution si souvent décriée par le passé pour son opacité.

La foire des télés locales

Avant d'évoquer les dossiers qui mettent en jeu les grands groupes audiovisuels, commençons par lever une partie du voile en évoquant un espace télévisuel encore moins connu du grand public : les chaînes locales.

Durant tout l'exercice de mon mandat, c'est le dossier sur lequel j'ai sans cesse été minoritaire au sein du collège. Tout d'abord parce qu'il me semble que, comme la fourniture de l'électricité ou de l'eau, ce secteur devrait prioritairement relever du service public. Les stations régionales de France 3 sont assez nombreuses et possèdent déjà des bureaux décentralisés qui devraient encore plus les rapprocher de leur public. Un réseau puissant et unique en Europe qui gagnerait à être rationalisé, mais ne revenons pas au dossier épineux de la télé publique. La question est plutôt : à quoi sert-il de multiplier des réseaux privés locaux que presque personne ne regarde ?

La loi impose que dès qu'une fréquence hertzienne est libre, le CSA a obligation de lancer un appel à candidature. Même si les textes ont légèrement évolué récemment, cette disposition permet à tout candidat d'attaquer l'autorité de régulation si elle ne propose pas au moins une consultation publique dès qu'un espace hertzien est en jachère.

Les fréquences sont rares et disputées. Des directives européennes prévoient d'ores et déjà qu'une partie de ce trésor immatériel soit dévolue au secteur des télécommunications qui grappille régulièrement la part de gâteau réservée à l'audiovisuel. C'est un combat de titans dans lequel le secteur de la télé et de la radio fait de plus en plus figure de petit lémurien en voie d'extinction.

Il faut dire qu'en France, une fréquence est attribuée gratuitement à l'audiovisuel alors qu'elle est vendue aux opérateurs de la téléphonie et d'Internet parce que l'État a besoin d'argent et que les industriels doivent répondre à la demande exponentielle de communications électroniques. Comme les grands groupes – Orange, SFR, Free et autres – veulent sans cesse grandir et gagner des parts de marché, les fréquences commencent à coûter très cher et à rapporter gros à leurs propriétaires. Et par voie de conséquence à échapper à l'audiovisuel dans l'avenir.

Il ne faut plus s'attendre à la création de chaînes traditionnelles hertziennes désormais. Les experts appellent ça le dividende numérique et les actionnaires seront de plus en plus des industriels et de moins en moins des créateurs.

Le CSA veille donc jalousement et à juste titre sur son trésor de guerre : les fréquences audiovisuelles qui sont moins rares sur le plan local que sur le plan national. Trésor public puisque ces tuyaux invisibles transportant des signaux au-dessus de nos têtes appartiennent à la nation. À vous, à moi, à nous. Mais ceux qui en obtiennent la concession les exploitent à leur bénéfice et ont une fâcheuse tendance à l'oublier.

Très tôt, quelques télés locales, comme TLT à Toulouse ou TLM à Lyon, ont voulu suivre la recette qui avait fait le succès de la presse écrite régionale : plus proche, plus puissante. Les pionniers ont vu trop grand en voulant marcher sur les plates-bandes des stations de France 3 sans en avoir les moyens humains et économiques. Très vite, les locales privées ont périclité et leurs actionnaires y ont laissé des plumes.

Les grands groupes de presse locale, aidés par les banques régionales, se sont disputé un marché publicitaire faible qui a vite fait de la plupart de ces petites chaînes de proximité des antennes sans véritable programme. Rien d'autre que des embryons de journal télévisé local réalisés avec des bouts de ficelle et la rediffusion en boucle d'émissions insipides. Là où la presse écrite régionale résistait par sa différence et sa réelle offre de proximité, les télés locales sont devenues à de rares exceptions près des sous-chaînes sans intérêt, sans personnalité et surtout sans public.

Le résumé peut paraître sévère mais pendant six ans, je me suis demandé ce que ces chaînes dites de proximité apportaient aux téléspectateurs. Et pourtant régulièrement nous devions organiser des auditions pour attribuer telle ou telle chaîne dans des zones plus ou moins minuscules. La plupart du temps, il s'agissait simplement d'essayer de préserver le marché publicitaire local de plus en plus capté par le marché global d'Internet.

Car, ne vous y trompez pas, quand quelqu'un veut créer une chaîne près de chez vous, c'est avant tout pour essayer de mettre la main sur ce qu'il reste de terres fertilisables par la pub. Pas pour améliorer l'offre de programmes.

Pour moi, ce furent des auditions pénibles car je savais que les candidats avaient toutes les chances de rendre leur tablier et leur fréquence à plus ou moins brève échéance. Mais bon, la loi est la loi et il fallait régulièrement se retenir pour ne pas sourire pendant certaines séances quand un récipiendaire nous vantait les vertus locales de programmes faisant la part belle à l'horoscope ou à un télé-achat déguisé en vente de produits du terroir.

La recette qui avait fonctionné pour les radios locales et régionales n'était à l'évidence pas reproductible, mais c'était compter sans les élus locaux qui voyaient forcément d'un œil attendri des antennes qui sauraient les mettre en valeur aux temps forts électoraux.

Ô combien de municipalités, de conseils généraux ou régionaux, combien de barons locaux ont pensé que le concours de la « trombinette » chère au *Canard enchaîné* ferait office de garantie de réélection assurée !

Quelques semaines avant mon départ du CSA et après des mois de résistance de rares conseillers, nous fûmes quasiment obligés d'attribuer une chaîne locale dans le sud-est de la France à une équipe très proche d'une municipalité.

Les stations régionales de feu l'ORTF avaient été créées par le pouvoir gaulliste qui trouvait la presse écrite régionale trop proche de l'opposition. Au moins le Général était-il moins hypocrite et voyait-il grand en créant un réseau national de chaînes locales.

Aujourd'hui les chaînes privées régionales sont étrangement financées en partie par les collectivités régionales, peu satisfaites de la couverture des événements locaux par les stations de France 3. Ces investissements publics ne seraient-ils pas plus utiles aux décrochages régionaux de la chaîne publique au moment où l'État rogne son budget ?

Constat moins naïf : la plupart des télés locales privées cherchent à se fédérer pour produire nationalement des programmes censés défendre la diversité régionale française. Si l'on n'y prêtait garde, nous aurions des chaînes locales qui diffuseraient peu ou prou le même programme avec tout au plus une météo localisée. Question encore plus crue : de qui se moque-t-on ?

Le premier dossier local auquel je fus confronté en arrivant tour Mirabeau fut plus qu'instructif car il concernait l'attribution de six chaînes en Île-de-France, la région capitale. Dans les starting-blocks, quelques associations pleines de bonne volonté et d'une expérience quasi pirate – Télé Bocal notamment, que je trouvais sympathique parce qu'elle donnait la parole aux gens de la rue comme j'avais aimé le faire pendant mes dernières années à France Télés – et des groupes nationaux cherchant à élargir leur audience et surtout leur portefeuille de fréquences. C'était le cas de NRJ, par exemple, qui a fini par renoncer à son antenne francilienne après un septennat d'expérience qui n'avait de locale que le nom à force de diffusion de clips musicaux pour les jeunes. Les jeunes de la région parisienne sont-ils vraiment si différents de ceux de Lille ou Marseille ? Et puis, franchement, regardez la consommation télé des jeunes adultes. C'est au mieux un fond sonore pendant qu'ils surfent sur leur ordinateur.

Mais le plus édifiant pour moi fut la candidature de la chaîne IDF1. Portée par d'anciens du groupe AB (*Hélène et les garçons*), elle mettait en avant des grands noms que j'avais eu comme patrons : Michèle Cotta et Marc Tessier, respectivement ancienne directrice de France 2 et président de France Télévisions à l'époque où j'en étais salarié.

Je les vois encore l'un et l'autre dans mon bureau comme en audition publique me jurer qu'ils allaient faire une télé proche des téléspectateurs en me citant comme exemple ma propre émission « J'ai rendez-vous avec vous ».

J'avais même eu la faiblesse de les mettre en contact avec une partie de l'équipe technique débordante d'énergie qui m'avait accompagné pendant sept ans pour rapprocher les caméras de la réalité du pays et dont une partie se retrouvait sur le carreau après ma nomination au CSA. À l'arrivée, j'ai découvert une grille de programmes faisant la part belle à des séries de fin de série… et, stupeur, une consultation astrologique ! Des prédictions locales, certainement. Jetez-y un coup d'œil, pas plus, c'est tous les jours vers 14 heures. Une voyante y consulte en direct !

On ne me déçoit qu'une seule fois mais on peut me rouler plusieurs fois parce que j'ai tendance à faire confiance à la parole donnée. Il faudrait que je m'en souvienne.

Ce que je retiens par ailleurs de cette expérience c'est que même au niveau municipal ou régional, le cordon ombilical reliant télévision et politiques a du mal à être complètement coupé.

La boucle locale est ainsi bouclée et nous pouvons passer des amuse-bouches au plat principal : les grands groupes, le CSA et l'attribution de chaînes nationales.

La braderie des chaînes nationales

Une trentaine de candidats pour six nouvelles chaînes de la TNT en mars 2012. Des fréquences nouvelles existent depuis la fin 2011 et l'achèvement du chantier de la télévision numérique terrestre. Une numérisation qui, par la compression des ondes analogiques, permet de dégager de la place pour de nouveaux programmes.

Paradoxalement, les premiers opposants à un lancement aussi rapide sont les grands groupes ! TF1 et M6 auraient bien attendu quelque temps encore avant de voir arriver de nouveaux concurrents. Ils vont malgré tout déposer trois dossiers chacun, histoire d'occuper le terrain.

La loi audiovisuelle interdisant par ailleurs à un même actionnaire de détenir plus de sept autorisations de diffuser des chaînes de télé, le jeu va être serré…

TF1, privatisée en 1986, est depuis la propriété du groupe Bouygues qui avait à l'époque versé un très joli chèque au Trésor public. L'État avait déjà besoin d'argent et éventuellement de chaînes amies du pouvoir.

Plus récemment, TFI a racheté les chaînes TMC et NT1 et reste propriétaire de LCI et de la chaîne Histoire. Faisons les comptes : avec cinq autorisations du CSA à son actif, le groupe Bouygues peut encore espérer décrocher deux chaînes supplémentaires mais ne le souhaite bien sûr pas pour des raisons économiques.

TF1 mise sur l'obtention d'une nouvelle chaîne. Ce sera HD1, programme low cost du groupe destiné officiellement à la fiction.

M6, descendante d'une chaîne musicale lancée en 1987, possède de son côté W9, Paris Première et Téva.

La logique de l'équilibre économique entre TF1 et sa petite rivale qui ne cesse de monter voudrait que la filiale du groupe allemand Bertelsmann décroche au moins une nouvelle fréquence en France.

Le patron du groupe M6, Nicolas de Tavernost – certainement le meilleur expert de la télé privée –, nous fera un de ses numéros d'équilibriste qui me l'ont rendu sympathique. « Ce n'est pas le moment de lancer de nouvelles chaînes car le marché publicitaire est atone mais nous déposons trois dossiers… »

Pour lui ce sera 6ter, programme à destination de la famille en général et de la femme en particulier. Les fameuses « ménagères de moins de cinquante ans » – quelle drôle d'expression –, cibles préférées des publicitaires qui seront l'objet de toutes les attentions pendant la procédure d'attribution de ces nouvelles chaînes.

Au grand dam du groupe Lagardère qui a déposé un excellent dossier adossé à la revue *Elle*. Quelques jours avant les auditions, le big boss du groupe, Arnaud Lagardère, jette le trouble : dans le *Journal du dimanche* – qui lui appartient –, il évoque le peu d'intérêt qu'il éprouve pour cette candidature !

Ses représentants à l'audition auront énormément de mal à remonter le courant face au grand jury composé des membres du Conseil. Voilà comment un bon dossier peut être rejeté même s'il est meilleur que d'autres !

Restent les petits candidats répartis entre ceux qui rêvent de grandir à cette occasion et ceux venus d'ailleurs que du monde de l'audiovisuel. Dans la première catégorie, le groupe NRJ et NextRadio. Le propriétaire de NRJ, Jean-Paul Baudecroux, a fait fortune dans la radio. Son rival Alain Weill, propriétaire de Next, est son ancien bras droit !

Weill a réussi à créer un groupe efficace après le rachat de l'ancienne Radio-Monte-Carlo, qui périclitait autour de la principauté de Monaco et est devenue RMC Info. À force d'obtenir des fréquences du CSA, et avec un ton différent qui est surtout celui de ses auditeurs, le groupe Next a les moyens de déposer plusieurs dossiers dont un centré autour du sport, l'autre fonds de commerce du groupe. Seulement voilà, le groupe de presse écrite Amaury, propriétaire du *Parisien* et de *L'Équipe* et détenteur d'une chaîne confidentielle d'information sportive visible seulement sur le câble, veut lui aussi grandir et assurer son avenir de plus en plus incertain dans le papier.

Étant donné que je porte le dossier sport au CSA, j'ai l'idée de demander au mouvement olympique français de départager les candidats en lui faisant organiser une première épreuve éliminatoire avant la grande finale devant le Conseil.

Ma motivation tient au fait que je suis préoccupé par la privatisation galopante de la diffusion d'images de sport à la télé et que je crois à l'utilité publique d'un canal gratuit pour les amateurs de sports pas fortunés.

C'est pour cette raison que l'avis du président du Comité national olympique et sportif français (CNOSF) me semble une garantie avant toute décision. En revanche, je n'ai pas prévu que le CNOSF devienne l'objet d'une opération séduction tous azimuts qui mobilise les équipes de sportifs soutenant l'un et l'autre des candidats.

Il me faut vite reprendre la main car en coulisses, les manœuvres de lobbying vont bon train. Certes, le groupe Next a dans son portefeuille une agence de presse spécialisée dans l'information sportive, mais la maison Amaury fait figure de vainqueur logique parce que le journal *L'Équipe* est la référence en matière de journalisme sportif. Pourquoi ne réussirait-il pas en télé ce qui a fait son succès en presse écrite ? Je conseille sagement à Alain Weill d'avoir un projet de remplacement au cas où… Il n'est pas content mais, pragmatique, il saura rebondir en poussant un autre de ses projets, RMC Découverte, qui lui coûtera moins cher et lui rapportera plus.

En fait, vous l'aurez compris, beaucoup de choses se font bien avant les auditions solennelles et publiques au cours desquelles les candidats travaillent surtout la présentation du projet.

Le jour J, pour calmer le jeu, je reprends à mon compte le slogan de RMC « C'est ici que ça se passe » pour signifier que malgré les beaux uniformes arborés par les sportifs du comité de soutien du groupe Next, c'est bien le fond du dossier qui m'intéresse et qui me fera prendre une décision pour l'un ou l'autre des candidats. Ce sera L'Équipe 21, programme dont je suis avec attention l'adolescence prometteuse mais fragile.

La sélection de nouvelles chaînes par le CSA, c'est finalement une alchimie entre la diversité des formats, l'équilibre entre les grands groupes, un peu d'ouverture à des nouveaux venus, la capacité des conseillers à résister aux lobbies et aux sollicitations… et parfois à leurs propres humeurs.

Michel Boyon aime bien le consensus et l'obtiendra par décantation entre les « collégiens » sur la majorité des dossiers sauf un : la chaîne 23. Porté par l'ancien lobbyiste d'une grande chaîne privée, Pascal Houzelot, ce projet est censé défendre la diversité à l'écran.

Avec le soutien financier d'hommes d'affaires – majoritairement des banquiers en vue dans le secteur des media –, Numéro 23 ressemble plus, dans le dossier présenté, à un appartement que l'on achète sur plan qu'à une envie profonde de faire vivre sous un même toit des familles françaises venues d'horizons différents.

Par expérience et par conviction, je me méfie de la ghettoïsation de la question de la diversité des origines au sein d'une même chaîne. Quelques mois plus tôt, je m'étais opposé à la transformation par France Télévisions de sa chaîne France Ô en spécialiste de la diversité. Créée pour être l'antenne des « Outre-mer » en métropole, ce canal public ne devait pas devenir une raison de ne plus afficher la variété de nos origines sur les autres chaînes. Craignant plus que tout la communautarisation par télés interposées, j'avais convaincu les dirigeants du groupe public de faire marche arrière.

Mais dans le cas de Numéro 23, mes arguments ne porteront pas auprès de mes collègues. La diversité étant devenue une mode, le projet est retenu à une faible majorité. Dont acte, mais il suffit de regarder les programmes de cette chaîne pour se convaincre que mes collègues ont été au moins naïfs à leur tour… Moi, je pense qu'il ne s'agissait que d'obtenir un canal pour diffuser des séries étrangères où la diversité est peu visible et n'a rien à voir avec la représentation de la société française dans sa complexité.

Finalement, les porteurs du projet semblent avoir voulu, sous des dehors généreux, planifier une belle opération financière à venir. Certes la loi ne permet pas la revente des fréquences qui restent dans le domaine public en France. Mais je suis convaincu que très vite les propriétaires de cette chaîne seront tentés de vendre les murs. Il leur suffira de repasser devant le CSA pour expliquer que leur entreprise n'a pas atteint l'équilibre financier et qu'un repreneur permettrait à tout le monde de sauver la face... L'opération a déjà eu lieu à plusieurs reprises par le passé, notamment dans le segment des chaînes dites musicales avec la vente par Lagardère de la chaîne Virgin 17 au groupe Bolloré qui l'a cédée ensuite à Canal+. Certes les procédures sont encadrées juridiquement tant par le CSA que par l'Autorité de la concurrence qui, dans ce dernier cas, a négocié très serré avec la filiale du groupe Vivendi. L'acheteur a dû accepter une batterie d'obligations supplémentaires sous la contrainte, mais l'opération a fini par se faire malgré les cris et les procès intentés par les autres grandes chaînes privées.

Le grand marché de l'occasion

Lorsque le CSA attribue une autorisation, c'est pour un genre bien précis de programme : généraliste, musical, d'information... Officiellement, la chaîne ne peut sortir de son cadre. Dans la réalité, les repreneurs finissent toujours par revenir devant le Conseil pour négocier leurs engagements.

Deux exemples récents illustrent cette réalité : Direct 8, d'abord, qui avait été créée sur la promesse d'une chaîne privilégiant le direct, comme son nom l'indiquait. Quand elle est devenue D8, son programme a dérivé encore un peu plus vers le format mini-généraliste qui n'existe pourtant pas dans la nomenclature officielle. Ensuite, D17 ex-Virgin, qui est toujours dans l'absolu une chaîne musicale. Mais il suffit d'allumer son poste pour constater que ce n'en est plus tout à fait une. Je comprends parfaitement que le PAF soit souple, je crois simplement qu'il faut que le téléspectateur soit clairement informé comme tout consommateur moderne.

C'est cette absence de transparence qui donne au public l'impression juste que, plus il y a d'offres de chaînes, plus elles se ressemblent et moins le choix semble réel avec sa télécommande.

L'affaire LCI est de ce point de vue très emblématique. Créée en 1994, la chaîne était alors la première et la seule télé d'info reçue par câble ou satellite. Dix ans plus tard, son propriétaire, le groupe TF1, qui ne croyait pas alors à la réussite de la télévision numérique – ou qui voulait peut-être la torpiller ? – ne se porte pas candidat à un passage en gratuit et laisse arriver dans la place BFMTV et I>Télé (filiale de Canal+ champion du payant !).

Vous suivez toujours ? I>Télé, née en 1999 sur des canaux à péage, profite en effet du passage en gratuit en 2005 et le tour est joué. Plus de place pour LCI qui voit ses deux rivales s'installer dans le PAF et lui ravir son antériorité. Pour réussir dans ce monde impitoyable, il faut être un sacré joueur de poker. Aujourd'hui, le CSA refuse à LCI le passage en gratuit, craignant que le marché publicitaire ne puisse supporter la concurrence de trois chaînes d'info en continu.

Personnellement, j'aurais laissé la chose se faire, d'autant plus volontiers que les concurrents tels que le groupe d'Alain Weill, propriétaire de BFMTV, ont si souvent mis en avant la liberté d'entreprendre pour réussir. Moi à qui on va tant reprocher pendant mon mandat de ne pas prendre en compte les contingences économiques des industriels de l'audiovisuel, me voilà le défenseur de la libre compétition !

Fini la télévision de papa

En accompagnant la création de six nouvelles chaînes, le CSA a joué en partie son rôle de représentant du public. Pour ma part, il me reste un goût étrange d'inachevé dans cette partie de ma mission. Comment un conseiller peut-il respecter son éthique et les intérêts commerciaux ?

Question d'autant plus cruciale que c'était certainement la dernière fois que l'on distribuait six chaînes d'un coup. À l'avenir, des chaînes naîtront ponctuellement sur l'ADSL : schématiquement en utilisant une ligne téléphonique et non plus les ondes hertziennes qui permettaient de capter les programmes par la bonne vieille antenne dite « râteau » que nous avons encore sur nos toits. La révolution technologique que nous vivons aura des conséquences : la télé par Internet s'adressera à des audiences segmentées et non plus à un public rassemblé. Regardez autour de vous : quand la famille se regroupe-t-elle encore pour voir un programme ensemble ? La force des chaînes traditionnelles était de fédérer les téléspectateurs, désormais la consommation télé est un acte solitaire.

Sans jouer les rétrogrades, je m'interroge sur les conséquences à terme de ce profond changement. Radio et télé pouvaient réunir un vaste public autour d'émotions ou de savoirs partagés qui créent des valeurs communes.

La télé de demain ne nous enfermera-t-elle pas dans une solitude que les réseaux sociaux ne compenseront certainement pas ? Et qui assurera un minimum de contrôle sur les contenus que la télé par Internet véhicule ?

Tout un chacun peut aujourd'hui créer sa propre chaîne, pourquoi pas. Mais, dès lors, qui régulera, même seulement un peu, ces nouveaux contenus pouvant prôner la haine et l'explosion d'une société ? Qui protégera encore le monde de la création audiovisuelle qui risque de s'effondrer parce que des grandes œuvres télévisées comme nous les avons tant aimées ne pourront plus être financées ? Pour produire les grands téléfilms tirés d'Alexandre Dumas ou les émissions comme « Le Grand Échiquier », il fallait être sûr de pouvoir réunir un vaste public de l'autre côté de l'écran. Le très regretté Jacques Chancel aurait-il les moyens, aujourd'hui, de réaliser ces merveilles qui enchantent encore nos mémoires ?

L'univers de la musique a subi ces révolutions avant l'audiovisuel. À cause du téléchargement illégal, toute une industrie s'est retrouvée à terre. Plus de disques vendus. Certes, des artistes nouveaux peuvent se faire connaître par Internet, mais que gagnent-ils à ces gloires éphémères ?

Le plus beau concert de ma vie fut un récital de Barbara. Au-delà des mélodies, des paroles, et même de l'interprète, l'émotion était celle de partager avec deux mille personnes un instant de grâce et d'humanité. Sensation que je suis sûr de ne pas retrouver sur mon ordinateur ou mon téléphone.

Avec un Smartphone, on peut aujourd'hui filmer puis diffuser les galipettes de son chat ou de son chien ! Et en faire une chaîne. J'adore les animaux mais n'ai pas besoin que les miens soient connus sur toute la planète.

Mais, plus grave, des terroristes peuvent aussi se servir de leur téléphone pour filmer la décapitation d'un otage et utiliser la Toile qui diffusera ces images dans le monde entier, instantanément… Personnellement, je n'éprouve aucune envie de les voir parce qu'elles n'ajoutent rien à l'horreur que j'imagine, mais je sais que beaucoup l'ont fait.

Quitte à être taxé d'ennemi du progrès, je préfère qu'il y ait encore des hommes et des femmes qui jouent le rôle de vigie dans un monde d'images que personne, bientôt, ne maitrisera plus. Je crains que nous soyons sur le point de perdre la bataille de l'info, de la qualité, de la mesure. Parce que nous avons peur d'apparaître comme des censeurs. Penser et interdire l'inutile ou l'insoutenable serait devenu liberticide. Personnellement, je n'ai jamais dissocié ma responsabilité de professionnel et ma responsabilité de citoyen. Que va devenir l'audiovisuel s'il perd son rôle de ciment social ?

Soyons clairs, je ne m'oppose pas aux progrès technologiques qui rendent la consommation d'images débridée. Internet révolutionne tous les secteurs de l'industrie et de la culture. Mais qui va jouer le rôle de garde-fou pour protéger les esprits de nos enfants du tsunami de la communication mondialisée ? Qui va défendre le patrimoine et les biens audiovisuels ? La France a su dans les années 1980 créer et défendre l'idée géniale d'exception culturelle qui a tant fait sourire au début. Pourtant c'est ainsi que la création télévisée nationale a été protégée de la déferlante des œuvres essentiellement anglo-saxonnes. Joli défi de réussir le même pari à l'ère numérique.

On est loin de Télé-Luxembourg et surtout des « Dossiers de l'écran ». Le générique de fin pour la télé de papa risque d'être bien triste.

– 8 –

DES RACINES ET DES AILES

Noël est un jour faste pour moi. 24 décembre 1977 : l'étudiant que j'étais encore a décroché quelques piges pendant les congés de la Nativité. Premier sujet signé à FR3 Reims sur le prix des huîtres place Drouet-d'Erlon dans la capitale champenoise.

24 décembre 1989, premier 20 heures présenté sur Antenne 2 en tant que remplaçant de Daniel Bilalian. On ne disait pas joker à l'époque, contrairement à aujourd'hui où de jeunes journalistes se spécialisent dans l'occupation du poste d'icône le temps des vacances des stars…

Dix ans plus tôt, j'avais déjà vécu un Noël inespéré. Ce 24 décembre 1979, je présente mon tout premier journal, dix-huit mois après être sorti de l'école de journalisme. Ce jour-là, les journalistes phares de la rédaction de FR3 Île-de-France sont en vacances. Première phrase de mon premier JT : « Autant vous le dire tout de suite, je n'ai rien de très léger à vous annoncer… » Trop sérieux, déjà ?

Dans mon unique veste de velours trop serrée, avec une cravate trop desserrée, et ma tignasse à la Michael Jackson première époque, je ne dois inspirer ni l'esprit de fête ni la sympathie, ou alors à mon corps défendant.

Dès la fin du journal, le téléphone sonne chez moi. Mon numéro est dans l'annuaire et c'est un de mes frères hébergé dans le même appartement qui entend : « Sale raton, casse-toi… » Accueil chaleureux. Par la suite, la rédaction filtrera certainement les quelques lettres d'insultes qui accueilleront mes premières prestations visibles. Je n'en ai ouvert qu'une, reconnaissant très vite par la suite les envois anonymes à l'écriture maladroitement trafiquée : Rachid Arabe (!), FR3, rue François-Ier, 75008… Cette missive me vouait au four crématoire. Un téléspectateur très au courant des pratiques de la haine raciale au XXe siècle.

C'est peut-être pour m'éviter ces désagréments qu'au début de ma carrière on m'a rapidement proposé d'animer sur la troisième chaîne l'émission « Mosaïque » destinée aux immigrés le dimanche matin. Pas de ghetto, ai-je répondu après quelques numéros de ce programme présentés du bout des lèvres. Être réduit à l'état de spécialiste des migrants ? Non. Le piège était trop gros, d'avoir dû l'éviter m'a rendu méfiant mais plus fort.

Au CSA, le dossier « Diversité »

J'ai très longtemps refusé d'être le spécialiste de ces questions sous le prétexte d'un nom et d'une origine. En toutes circonstances, mon credo : être un journaliste comme les autres.

Arrivé au CSA, la question me rattrape. Pourquoi accepter de m'occuper du tout nouveau dossier « Diversité » ?

Par devoir de Français qui a des racines mais aussi des ailes. La thématique « diversité » est désormais légalement dans les attributions du Conseil. Les émeutes de 2005 en banlieue ont eu comme conséquence inattendue une plus grande attention des politiques à la représentation des diversités d'origine sur le petit écran. Après ces événements violents, Chirac président avait convoqué les patrons de chaînes pour les sermonner, leur reprochant de ne pas en faire assez sur les questions d'intégration !

Pour autant, la page reste blanche. Alain Méar et moi allons lui donner des couleurs en mettant patiemment en place un dispositif inconnu à l'époque. D'abord nous créons un observatoire avec des personnalités diverses « qui n'ont rien à gagner en y participant ».

Yamina Benguigui, Jeannette Bougrab – toutes deux devenues ministres ensuite –, le comédien Jacques Martial, ex-« mulet » de Navarro à la tête désormais de l'Établissement public du parc et de la grande halle de la Villette, Hervé Bourges, ancien président du CSA mais aussi de France Télévisions…

Nous nous entourons également de personnalités en provenance du Conseil d'État et de la Commission informatique et liberté. Un travail sérieux. Car nous devons tout d'abord éviter un écueil de taille : la Constitution française interdit les comptages ethniques. À juste titre. Mais pour combattre l'absence de diversité sur les écrans, il faut bien la mesurer !

Les services du Conseil – eux-mêmes très divers – élaborent avec le sociologue Éric Macé une étude quantitative « sur la perception des diversités ». Nous inventons la notion de « vu comme blanc, vu comme noir, vu comme arabe, asiatique… » Et ça marche : notre baromètre va mesurer deux fois par an les images renvoyées par les personnages réels ou fictifs apparaissant dans tous les programmes.

Sans surprise, les premiers résultats font état de stéréotypes connus : on voit rarement à la télé un héros de fiction de couleur, et peu de présentateurs d'origine étrangère, mais on assiste à une surreprésentation des fameux « CPP+ » – les catégories socio-professionnelles les plus élevées –, quant aux femmes, elle sont cantonnées dans des rôles subalternes.

Près de dix ans plus tôt, j'avais participé à un colloque organisé par l'Unesco et intitulé « Des écrans pâles ». À l'époque, j'étais déjà l'exception qui confirmait la règle. « L'Arabe qui cache la forêt », comme l'avait dit Guy Bedos pendant un de mes placards audiovisuels dans un sketch coécrit avec des jeunes de la banlieue de Vaulx-en-Velin intitulé : « Mais où est passé Rachid Arhab ? » Déjà !

Les petits écrans ne reflètent toujours pas la diversité de la société française. Le constat fait, comment y remédier ? Par la concertation avec les chaînes. Pendant des semaines, tous les vendredis, les responsables du PAF vont défiler au CSA pour établir avec nous un guide de bonnes pratiques.

La bonne volonté est évidente de leur côté, tous savent que plus leurs antennes renverront une image réelle du pays plus ils auront de chances d'être regardés par des jeunes publics qui ont tendance à se détourner de la télé.

Plus dur sera le passage à l'acceptation de nouvelles « obligations » instaurées par le CSA. Certaines chaînes se voient plus colorées qu'elles ne le sont vraiment et quelques réunions se termineront dans une certaine tension. Petit à petit, Alain et moi dessinons une méthode de conviction inhabituelle tour Mirabeau, où l'on brandit plus souvent le bâton que la carotte.

Au gré des années, le baromètre est très attendu dans la presse et abondamment commenté par les chercheurs spécialistes de la question. Avec notre action, de nouveaux visages sont apparus, certains peu de temps, il est vrai.

Exemple récent avec l'humoriste Sophia Aram. Agonie d'injures racistes sur les réseaux sociaux quand elle a tenté de présenter une émission sur France 2. Lapidation dans la presse dite spécialisée et répudiation par sa chaîne pour manque d'audience. Le programme qui a remplacé le sien n'a pas fait mieux mais ça, personne ne l'a relevé.

Malgré tout, la tendance est à l'amélioration de la représentation de nos diversités, même si les résultats pourraient déjà être meilleurs. Et ont même régressé après mon départ. Désolé d'avoir à le dire.

En fin de mandat, j'ai expliqué pourquoi je m'étais opposé à la création d'une chaîne spécifiquement dédiée aux diversités : cela me paraissait être un simple alibi pour diffuser des programmes fourre-tout sans améliorer le respect de la différence. De la collaboration entre le Breton Alain et le Berbère Rachid – deux minoritaires républicains – est née l'idée qu'une autorité de régulation peut insuffler des méthodes concertées qui n'obligent pas à sans cesse faire changer la législation face à une nouvelle problématique. Nous avons laissé derrière nous un chantier ouvert au sein d'un CSA qui a obtenu pendant notre mandat le label « diversité » que beaucoup de chaînes ne méritent toujours pas. Pendant très longtemps, seule TF1 put se revendiquer de ce label officiel très difficile à décrocher, parce que ses dirigeants s'étaient sérieusement impliqués.

C'est une des images intimes que je garderai de mon mandat : un échange avec Nonce Paolini dans mon bureau isolé par le brouillard matinal. Nous devions parler concurrence entre les chaînes privées, nous avons partagé nos paysages corses et kabyles. Un dirigeant et un conseiller sont des hommes libres quand ils se parlent avec le cœur.

Au CSA, j'ai encore plus appris à respecter mes interlocuteurs sans jamais chercher à user de mes « pouvoirs ». Ni pour autant cacher mes convictions. Je ne me faisais par ailleurs aucune illusion sur ce qui motivait les rencontres avec ces responsables du PAF – l'intérêt bien sûr –, mais je profitais de chaque occasion pour leur montrer que j'avais des valeurs à partager avec qui le voudrait bien. Partage furtif : après mon départ, aucun n'a pris de mes nouvelles, à l'exception de Nicolas de Tavernost, qui s'est inquiété un peu de mon sort, et de quelques rares soutiens dans le monde de la radio.

Mais mes gènes m'ont préparé à l'ingratitude. Ma naissance dans les montagnes de Kabylie a profondément marqué ma vie et mon inconscient. Je n'ai aucun souvenir précis de ma petite enfance en pleine guerre d'Algérie, car j'ai vécu les trois premières années de ma vie à côté d'une caserne, dans un véritable gynécée chez ma grand-mère maternelle. Mais je suis persuadé que ma mémoire a enregistré des images, des sons et des parfums qui guident encore mes intuitions et mes convictions.

« Je parle en français, je pleure en kabyle »

Par mes lectures ultérieures, j'ai recomposé l'histoire d'un petit-fils de directeur d'école devenu un symbole de la diversité à son corps défendant.

Ce jardin secret de la différence m'a servi de protection dans beaucoup d'épreuves de ma vie personnelle et professionnelle. À chaque placard, cette force intérieure m'a aidé à supporter les apparentes humiliations. Je cite souvent le poète kabyle Jean Amrouche qui disait : « Je parle en français, je pleure en kabyle. » Impossible d'écrire cette phrase sans avoir les yeux qui s'embrument.

J'ai toujours été guidé par mes ascendants : « Sois discret mais la nuque droite. » Remercié par Michèle Cotta alors que je présentais le journal de 13 heures avec Carole Gaessler, j'ai dédié en direct le Sept d'or reçu quelques semaines plus tard à ma grand-mère, là-haut dans sa montagne du Djurdjura. Et j'ai refusé de faire le moindre commentaire sur mon évincement coïncidant avec une distinction décernée par le public. Toujours rester digne. Recevoir avec la même distance les honneurs et les disgrâces.

Après ma première éviction, j'avais osé accepter d'en évoquer les circonstances sur Europe 1. Et quand l'animateur Jean-Luc Delarue m'a demandé :

– Avez-vous le sentiment que vos origines sont pour quelque chose dans votre mise au placard ?

J'ai répondu simplement :

– Je me suis posé la question.

À peine franchis les cent mètres qui séparaient alors la radio d'Antenne 2, le directeur général me convoquait pour me menacer de licenciement. J'ai compris qu'il me fallait éviter la victimisation.

Pendant cette mise à l'écart, j'ai été tout d'abord hébergé à « Envoyé spécial ». Nahon et Benyamin, les créateurs du magazine d'info, ont su me donner la possibilité de réaliser de grands reportages à l'étranger qui m'ont permis de remettre de l'ordre dans mes idées en allant respirer ailleurs.

Grâce à mes copains Paul et Bernard, j'ai couvert par exemple l'envers du décor du débarquement américain en Somalie début décembre 1992. Un vrai show hollywoodien. Déjà mon intérêt pour les débordements politico-médiatiques ! Auparavant, j'avais passé quelques semaines à enquêter à Salt Lake City sur les mormons et leur volonté de mettre en fiche la planète entière pour préparer le jour du Jugement dernier. Les deux exercices m'ont bien remis les pieds sur terre et fait comprendre que j'étais simplement une starlette du petit écran et que la télé fonctionnait très bien sans moi.

Le placard, vous pouvez essayer d'en sortir tout seul. Quelques mois plus tard, comme j'avais arrêté de fumer et que le pèse-personne s'affolait, j'étais en plein jogging quand j'ai appris le suicide de Pierre Bérégovoy.

Ce dimanche 1er mai 1993, il n'y avait pas grand monde à la rédaction où je m'étais précipité par réflexe. Mais la consigne était claire : pas d'antenne pour moi. Cette humiliation m'a construit un semblant de carapace… qui a failli craquer un an après quand, toujours placardisé, j'ai proposé mes services pour aller couvrir le retour d'Arafat en Palestine. J'y suis allé… mais aucun des reportages réalisés quelques semaines avant l'arrivée sur place du leader de l'OLP n'a été diffusé. Je n'appartenais à aucun service de la rédaction et mes œuvres complètes sont restées elles aussi dans un placard.

Par la suite, c'est Claude Sérillon, lui-même placardisé, qui m'a recueilli dans l'équipe de « Géopolis ». Une émission de décryptage à froid de l'actualité mondiale. Mes reportages autour de la planète ont fini de me vacciner contre le virus de la grosse tête qui touche tant d'anciens présentateurs. Mais je n'avais pas besoin d'aller au bout du monde pour me régénérer : l'équipe de l'émission était installée dans une annexe de l'autre côté de la rue. Les cures de désintoxication exigent un air pur, pas si éloigné de l'atmosphère des studios.

Il faudra attendre quatre ans et un énième changement de directeur de l'info pour que je revienne dans le circuit de la rédaction en devenant l'un des rédacteurs en chef du 13 heures. Journal que je présenterai un an plus tard à la faveur du départ du titulaire du poste, Patrick Chêne, dont j'avais assuré les remplacements pendant notre collaboration. Je n'étais pas candidat et apparemment pas le favori des pronostics mais la bonne étoile luisait à nouveau. Désolé, rien de plus rationnel pour expliquer la fin de l'éclipse.

Jamais je n'ai intrigué pour obtenir un poste, jamais je n'ai joué la carte de la minorité, comptant sur mes qualités et celles des responsables d'antenne pour me confier des missions auxquelles mes origines et mon patronyme ne me prédestinaient pas forcément.

L'Arhab de service

Comment alors devenir le guide d'une meilleure représentation de la diversité une fois franchies des étapes que je n'ai jamais vécues, malgré toutes les difficultés, comme un parcours du combattant ? De là vient mon opposition aux quotas : je reste persuadé qu'ils ne mettraient plus en avant les seules qualités humaines et professionnelles. Pendant mon mandat, il a donc fallu naviguer entre le constat d'une nécessaire amélioration de la visibilité et les moyens d'y arriver sans prôner un dispositif trop contraignant. Un grand écart rendu moins difficile par le fonctionnement en binôme avec Alain Méar.

Lui le grand commis de l'État attentif aux principes de la république mais convaincu que les politiques font évoluer la réalité et moi, le fils adoptif de la France, toujours partagé entre le besoin de reconnaissance et l'envie de participer pleinement à mon rôle de citoyen.

Notre recette a été empirique, instinctive et surtout enthousiaste. Membres temporaires d'une autorité disposant de pouvoirs limités mais réels, Alain et moi avons su instiller l'idée que tout progrès était bon à prendre à condition de refuser le moindre retour en arrière. Nous devinions peut-être qu'après nous le combat pour la diversité dépendrait de la personnalité de nos successeurs mais surtout du climat politique en la matière.

Jusqu'en 2007, le projet était clairement porté par Chirac et le ministre de l'Égalité des chances, Azouz Begag. Avec Sarkozy, il y a eu des nuances et des tendances différentes. Époque Rachida Dati puis, en fin de mandat, droitisation du discours sur l'immigration. Mais jamais les chaînes n'ont été plus attentives à la diversité qu'après le discours du président prononcé à Massy-Palaiseau en décembre 2008 devant l'élite de l'École polytechnique. Nicolas Sarkozy, me voyant dans la salle, m'avait nommément pris à témoin : « France Télévisions doit faire beaucoup mieux en matière de diversité, monsieur Rachid Arhab... »

Pendant plusieurs mois, les responsables du service public ont été soudain – et étrangement – beaucoup plus attentifs à nos réunions, ceux du privé aussi. Ces derniers ont été en règle générale plus réceptifs à nos conseils. Nonce Paolini, grâce à la Fondation TF1, semblait le plus convaincu ; Nicolas de Tavernost n'était pas en reste avec un travail interne à M6 tout aussi discret mais efficace. Le plus engagé était Alain Weill, le patron de Next, prêt « à respecter des quotas » si le CSA le demandait.

Une vraie diversité d'approche, surtout avec Canal+, qui comme toujours avait un angle de vue un peu décalé. La chaîne cryptée a eu du mal à accepter les premiers résultats de notre baromètre qui la montrait moins diverse qu'elle ne le croyait. Mais le contact n'a jamais été rompu avec le grand manitou de l'antenne, Rodolphe Belmer, attentif à nos réflexions.

Canal a toujours beaucoup misé sur une génération d'humoristes à l'image de Jamel Debbouze pour faire passer son message d'ouverture. Jamel, invité de mon journal en 1999, avait improvisé un sketch sur mon nom qui m'avait laissé mal à l'aise : « Faites-moi un kif, m'sieur Arhab, la prochaine fois dites : “C'est le journal de France 2 présenté par Rachid Arhab. Y a un problème ?” »

La séquence tourne depuis sur Internet et pour la génération de mes beaux-enfants, c'est la seule image restant de mes années d'antenne. Sur le moment, j'en ai voulu à Jamel. Pendant le générique de fin du journal, micros coupés, on peut lire sur mes lèvres : « Petit con »… Affectueux mais signe d'un trouble. Depuis, il faut bien reconnaître qu'en une phrase le gamin de Trappes avait atteint sa cible, surligner mon nom pour le banaliser. Ce que j'avais mis des années à essayer de faire.

Une saillie dans l'esprit « Canal » : Rodolphe Belmer insistait pour que l'on décrypte ses émissions avec un regard décalé. Pour lui, la diversité devait s'instiller de façon quasi subliminale par l'humour, l'image des sportifs très visibles sur sa chaîne, des chroniqueurs… Pourquoi pas ?

Alain et moi avons compris qu'il fallait faire avec la « diversité » de ces approches différentes. Une politique des petits pas pratiquée par Henry Kissinger en son temps.

D'ailleurs, nous avons toujours refusé de publier les résultats de nos enquêtes chaîne par chaîne pour éviter de faire de ce sujet un simple concours de beauté avec couronne pour la reine et bonnet d'âne pour le dernier de la classe. Mais l'éventualité d'une telle publication est restée une arme secrète qui a servi sans être utilisée.

La diversité version chaînes publiques

Dans ma maison « d'origine », les patrons eux aussi étaient convaincus à l'époque d'avoir toujours fait dans la diversité sans le savoir… et contestaient la méthode utilisée. Pour eux, notre baromètre était comme tous les thermomètres : toujours responsable de la fièvre.

Notre méthode étant contestée, le service public lance son propre baromètre, son propre comité de la diversité pour essayer de nous couper l'herbe sous le pied en en confiant la responsabilité à un membre de l'observatoire que nous avons créé au CSA ! Hervé Bourges est un militant de la cause même s'il n'a pas su, quelques années plus tôt, m'éviter le placard alors qu'il était P-DG de France Télévisions. Jamais je ne lui en ai fait le reproche.

Quels résultats à ce travail de fourmis ? À l'évidence, une amélioration de la visibilité de ceux que j'appelais les héros du quotidien. Dans les reportages des JT, les visages et les noms des journalistes de terrain mais surtout des « témoins du quotidien » ont gagné en diversité.

Le jour de la rentrée, les reportages ne montraient plus forcément des têtes blondes vivant dans le VIIe arrondissement de Paris, pas trop loin des télés. Mais cela ne suffisait pas.

Très longtemps, les chaînes se sont réfugiées derrière la difficulté de recruter des reporters issus de la mosaïque française. Qu'à cela ne tienne : avec Alain

Méar nous avons réuni les écoles de formation et les métiers de l'audiovisuel pour démonter le système de reproduction quasiment consanguin de ces professions.

De réunions en réunions, nous avons pointé la réalité de toute une pyramide sociale : les enfants d'agriculteurs n'avaient pas beaucoup plus de chances que ceux de parents immigrés de travailler un jour à la télévision… sauf à courir les castings de téléréalité pour espérer une réputation éphémère.

Depuis, les écoles de journalisme sont encore plus attentives à leur recrutement et cela se voit à l'antenne. Une amélioration qui prendra encore du temps.

Ce travail en profondeur, nous l'avons mené également avec les représentants des producteurs et scénaristes. La première réunion fut digne d'un court métrage de pure fiction : en face de nous des créateurs de bonne foi, convaincus de bien refléter la société française… Chiffres en mains, notre discours était plus nuancé et tous les rendez-vous se terminaient par la promesse de se revoir bientôt après les grimaces de début de réunion.

À chaque rencontre, nous veillions à ne jamais interférer dans la liberté éditoriale et de création. Nous n'étions qu'un miroir.

De fait, les auditions au CSA craintes par les professionnels n'étaient plus l'antichambre d'une sanction mais l'occasion de faire de la très solennelle salle du Conseil un lieu d'expertise et d'échange. Pas d'angélisme pour autant : dès que la question fut moins soutenue politiquement, j'ai constaté un flottement chez mes interlocuteurs. La diversité n'est plus officiellement portée par un ministère ou des élus emblématiques. Zappées les Fadela Amara ou Rachida Dati. Remplacées par Fleur Pèlerin ou Najat Vallaud-Belkacem. Sauront-elles s'imposer pour ce qu'elles sont ? Pourquoi la télé serait-elle la seule à devoir supporter l'obligation de représentativité alors que la classe politique reste unicolore ? Chaque fois que la question m'était posée, je prenais comme exemple le milieu de l'entreprise qui, selon moi, a une longueur d'avance pour se diversifier presque naturellement. Mon ami Alain adorait dire que les Pages jaunes professionnelles de l'annuaire sont un trésor de diversité affichée pour qui veut les feuilleter… Encore une fois, il avait raison.

En 2012, la campagne présidentielle ne porte pas le sujet, l'ambiance générale n'est plus à la diversité. Sentant que nous n'aurions bientôt plus le même soutien, Alain et moi avions fixé des objectifs aux chaînes avec obligation de rendre compte chaque année.

Ces objectifs étaient modestes parce que les mauvaises langues se sont empressées de nous demander à quels pourcentages de représentation des uns ou des autres nous allions considérer que le but était atteint. Nous ne sommes pas tombés dans le piège, demandant simplement que les chiffres ne soient jamais en recul d'année en année.

Les handicapés : invisibles

En fin de mandat, il a fallu gérer un aspect singulier de ce dossier : l'image des handicapés qui dans tous nos baromètres étaient inexistants sur les écrans.

France Télévisions, qui avait acquis les droits des Jeux paralympiques vendus en même temps que ceux des Jeux « traditionnels », rechignait à les diffuser en direct, jugeant certaines images trop dures à supporter par le téléspectateur. Pourtant, si vous avez déjà vu un match de tennis en fauteuil ou une rencontre de « cécifoot », votre regard sur le handicap aura changé.

À la demande d'associations de handicapés, nous avons réuni autour d'elles le Défenseur des droits, les chaînes et le mouvement sportif. Grand moment de générosité gênée de certains. France Télévisions veut bien mettre à la disposition des chaînes intéressées des images des Jeux qui vont se dérouler à Londres et plusieurs media se déclarent prêts à les diffuser. Au final, seule une chaîne locale – 8 Mont-Blanc – diffusera vraiment ces événements en direct. Mais à l'arrivée, France Télévisions lui demandera une somme jugée trop élevée et les autres media auront beau jeu d'affirmer que la télé publique voulait gagner de l'argent en revendant ces images…

J'obtiendrai tout juste comme une obole que la cérémonie d'ouverture des Jeux paralympiques soit visible sur une chaîne du groupe public : France Ô ! Et, en insistant un peu plus, qu'une émission quotidienne soit diffusée en différé sur France 2. Depuis, le groupe s'est engagé à faire mieux la prochaine fois, comme le disent les sportifs valides. Je sais que cela viendra. Ce dossier a fini de m'apprendre la patience dont je n'étais pas forcément doué en venant de la télé, où l'on aime bien avoir des résultats immédiatement visibles…

*
* *

Après mon départ du CSA, en matière de diversité, les bases de ce travail en profondeur ont été gardées avec un focus plus prononcé sur la représentation des femmes. Persuadé que la parité hommes-femmes est loin d'être acquise, je ne suis pas sûr que mélanger toutes les luttes soit la meilleure façon de faire avancer le dossier des minorités invisibles. Mais n'étant plus en charge du sujet, j'ai des avis que je garde pour moi. Pour l'instant. La diversité reste un combat. Nous n'avons remporté que quelques batailles… Mais quand vous faites une recherche sur Internet pour trouver des résultats concrets sur la question, c'est le site du CSA qui apparaît parmi les premières occurrences. Voilà un dossier dont nous sommes fiers sans nuance.

– 9 –

ON NE PEUT PAS PLAIRE À TOUT LE MONDE

Déjeuner au ministère de l'Économie numérique avec le gratin de la radio. Nathalie Kosciusko-Morizet essaie de reprendre en main le dossier de la Radio numérique terrestre – RNT – que je porte au CSA et que les ministères se refilent sans savoir qu'en faire. Tous les grands patrons du secteur sont dans le salon, devisant de tout et de rien pour éviter de parler des sujets qui fâchent. Une loi de 2006 a prévu la numérisation de la radio à l'image de ce qui s'est fait avec succès en télé : mieux compresser le signal des programmes pour passer plus de chaînes dans un même tuyau. Mais pour la radio, une fois le texte législatif voté, rien ne va plus.

Radio numérique : un gâchis en direct

Au menu du déjeuner, melon-jambon en entrée. Enfin pas pour tout le monde. Dans mon assiette, pas de porc… Je fais bonne figure, voulant croire que c'est un signe de respect, comme si porter le nom de Rachid Arhab signifiait nécessairement être musulman. Les stéréotypes ont la peau dure, on l'a vu.

Dans la salle à manger du ministère, après le hors-d'œuvre, le vrai plat de résistance c'est donc la radio numérique.

Ce dossier traînait déjà avant mon arrivée au CSA. Depuis quelques années, des grands noms de la radio comme Roland Faure ont essayé de convaincre les décideurs que les bons vieux postes ne pourraient pas survivre dans un monde entièrement numérique. Mes prédécesseurs au CSA me laissent ce qu'ils qualifient eux-mêmes de dossier le plus complexe de l'audiovisuel. Techniquement, ce n'est pourtant pas différent de ce qui a été réussi avec la numérisation de la télé : un même tuyau modernisé pour transporter plus de programmes.

Politiquement, c'est beaucoup plus compliqué. Peu de temps après ma nomination, dans un autre ministère, celui de la Communication dirigé alors par Christine Albanel, un lancement de la Radio numérique terrestre avait été organisé en grande pompe avec les mêmes interlocuteurs qui déjà regardaient le bout de leurs chaussures, un peu gênés. La numérisation, ils en veulent tous à condition que ça ne leur coûte pas trop cher et surtout que cela se fasse suivant leurs souhaits. Albanel, se félicitant de l'existence d'un texte voté par le Parlement, m'avait donné la parole comme on se débarrasse d'une patate chaude. « Monsieur le conseiller, c'est au CSA de jouer ! » Pris de court, je n'avais eu que le temps de répondre : « On a fait aujourd'hui le plus difficile, reste le plus dur. »

Je ne croyais pas si bien dire.

Pendant six ans, j'ai refusé de laisser tomber le dossier, ce qui pourtant m'aurait évité quelques inimitiés tenaces chez les patrons de radio mais aussi au sein des décideurs politiques et quelques articles de presse annonçant régulièrement la mort du projet.

Avant même que je sois chargé de démêler les intérêts contradictoires des radios, les plus influentes s'étaient accordées pour faire choisir par le ministère de l'Industrie une norme de numérisation d'origine coréenne que personne au monde n'utilisait pour la radio. Sans se perdre dans les détails techniques, il suffit de savoir que ce choix onéreux empêchait par exemple les petites stations d'entrer dans la danse numérique, et surtout que les grands s'étaient partagé le gâteau pour éviter de voir arriver tout nouveau concurrent, comme cela s'est produit à la télévision avec l'arrivée de la TNT.

Enhardi par les compétences officielles du CSA qui consistent à faire respecter le pluralisme de l'offre, j'ai donc essayé de faire respecter les prérogatives légales du Conseil plutôt que de me voir imposer les diktats économiques des grands groupes. Ils vont cependant agir en coulisses pour faire traîner l'affaire et la compliquer à souhait.

À la longue, les ministères eux-mêmes étaient perdus et le malheureux conseiller du CSA faisait dans la journée ce que certains lobbies défaisaient le soir dans des cocktails que je refusais de fréquenter. Paradoxalement, grands réseaux et indépendants avaient en apparence des postures très opposées mais dans la réalité personne ne voulait de la radio numérique lancée aux conditions de l'adversaire.

Plusieurs plans de lancement ont été prévus, tous repoussés devant la divergence des intérêts. Durant mon mandat, les ministères ont commandé deux rapports à des personnalités extérieures pour tenter de lever les blocages, en tout cas officiellement.

Le premier, confié à un ancien député – Emmanuel Hamelin –, concluait prudemment à la nécessité de lancer l'aventure. Son rapport prend la poussière dans un tiroir à l'Assemblée. Le second, attribué à un de mes anciens P-DG, Marc Tessier, enterrait plutôt le dossier. Sans animosité, j'ai simplement constaté que quelque temps après cet avis de décès de la radio numérique le rapporteur a été nommé au directoire de RTL, un des groupes devenu l'opposant numéro un à la numérisation des ondes ! Sans animosité et sans arrière-pensée bien sûr, je ne juge pas les hommes.

Dans la sphère restreinte des experts de l'audiovisuel, le contexte importe plus que la conviction et je m'amusais de ce que le rapporteur-fossoyeur soit passé du statut de chaud partisan de la TNT quand il était président de la télé publique à celui d'adversaire de la même numérisation en radio quand il a repris sa casquette d'ancien inspecteur des finances.

Pour ma part, tout en essayant de tenir compte des réalités économiques en temps de crise, j'ai voulu privilégier l'intérêt public. Mal m'en a pris.

Peu de temps avant l'arrivée de la gauche au pouvoir, convoqué à une réunion interministérielle à Matignon, je me suis vu signifier par le gouvernement de droite l'interdiction d'aller plus loin dans le dossier. Rappelant que le CSA est une autorité indépendante, je suis passé outre à la consigne en faisant voter mon plan de numérisation dans un collège où la majorité n'avait pas compris le fond du dossier… souvent par paresse intellectuelle. Quelques beaux esprits – qui n'avaient jamais fait l'effort de suivre la complexité de l'affaire – osèrent enfin exprimer leur crainte que la décision soit mal prise par le pouvoir suivant. Sur ce point-là, certains des collégiens avaient raison puisque les nouveaux ministères ont fait en sorte de bloquer encore une fois le dossier.

Je me faisais une autre idée de l'indépendance en général et de celle du CSA en particulier. Manquer de souplesse voire de plasticité dans ce monde-là vous fait une mauvaise réputation définitive. C'est fait, mais je crois avoir accompli ma mission avec une impartialité de rigueur.

Pour l'instant, la Radio numérique terrestre (RNT) est à nouveau sur le bouton « pause ». Peut-être démarrera-t-elle avec une autre norme de numérisation que nous avons mis des mois à faire admettre alors qu'elle fonctionne en Grande-Bretagne, en Allemagne, en Suisse… Avec le recul, je suis certain que ce nouveau media alliant le son et des données associées innovantes verra le jour sous peine de voir la radio se diluer dans le monde d'Internet. Et y perdre ses atouts : mobilité, gratuité et anonymat... Des concepts que j'aurai l'occasion de défendre.

Télé-Foot… sans buts !

Un autre dossier d'importance m'a fait comprendre la difficulté d'agir en franc-tireur : le droit à l'info pour les images des compétitions sportives.

Les retransmissions télé des grands événements ont été littéralement privatisées depuis deux décennies. Les matchs de foot et de rugby, en particulier, font l'objet d'appels d'offres dont les enchères se sont envolées. Le droit de diffuser en exclusivité le championnat de France de football s'arrache désormais à près de sept cents millions d'euros par an !

La ligue professionnelle a besoin de telles sommes, en effet, pour financer, notamment, les salaires des joueurs en forte inflation. Canal+, longtemps unique diffuseur de ces championnats, a de son côté toujours considéré le sport comme un attrait fort pour ses abonnés. Du gagnant-gagnant en matière économique. Mais en France, on estime que le sport relève du service public et que les organisateurs de compétitions ont des comptes à rendre, même s'ils font avant tout des affaires. Bref, sans entrer dans les détails juridiques, l'État a son mot à dire parce que si les fédérations sportives relèvent du privé, elles n'en disposent pas moins d'un agrément public… C'est ce raisonnement qui permet au membre du CSA en charge des questions sportives de mettre le bout de son nez dans ce business florissant qui unit clubs et télés dans un jeu d'interdépendance difficile à démêler.

Concrètement, je ne peux pas – et ne veux d'ailleurs pas – les empêcher de signer des contrats d'exclusivité mais j'ai le devoir de faire en sorte que les amoureux de foot ne soient pas frustrés d'images des matchs même s'ils ne paient pas d'abonnement à une chaîne cryptée : c'est le droit à l'info.

Pour les chaînes qui n'ont pas pu acheter les droits de retransmission du championnat, une règle ancienne permet d'accéder à une trentaine de secondes gratuites afin d'assurer ce que l'on appelle plus précisément le droit aux brefs extraits.

Cette disposition mise en place bien avant que je ne siège au Conseil est obsolète du fait de l'arrivée, entre-temps, de nouvelles chaînes d'information, notamment sportives. Je considère qu'elles ne peuvent pas rendre compte correctement de l'actualité si elles n'ont pas accès gratuitement à un petit échantillon des exclusivités pour remplir leur devoir d'informer.

Nous décidons donc de lancer une étude chiffrée pour apprécier ma marge de manœuvre avant de mettre les pieds dans le plat. En 2010, sur 100 000 heures de programmes sportifs, 98 % sont diffusés sur des chaînes payantes. Un secteur qui détient les trois quarts des droits de compétition. Énorme, la loi du marché s'impose. Mais nous remarquons aussi que plus il y a de foot à la télé, moins on voit d'autres sports. Sur plus de 130 disciplines reconnues de haut niveau, 42 seulement ont droit à une exposition audiovisuelle. Le chiffre a diminué de plus de la moitié en vingt ans. Autrement dit, plus les « grands sports » sont riches et visibles, moins les autres disciplines ont une chance d'être vues.

Il me faudra passer par un trou de souris pour essayer de convaincre qu'un rééquilibrage est nécessaire, d'autant plus que lorsqu'une discipline n'est pas financée par ses propres droits télé, c'est l'État qui doit mettre la main à la poche. Il se trouve même des petites fédérations qui doivent payer une chaîne pour s'acheter une exposition à la télé !

Par ailleurs, nous constatons que si la télévision finance très largement le sport, elle n'en tire pas toujours les bénéfices. Plus d'un milliard d'euros sont investis chaque année par l'audiovisuel français dans l'achat de droits sportifs, mais les chaînes dressent un bilan déficitaire de cet investissement. Même l'équipe de France de foot ne fait pas gagner d'argent à TF1 ! De l'audience et de l'image, oui mais c'est tout. Pour Canal+, le jeu est un peu plus compliqué car le groupe sait bien que le sport, et surtout le football, représente une motivation d'abonnement estimée à 50 %. Malgré tout, la chaîne cryptée ne voulait visiblement plus être la vache à lait du ballon rond dont les tarifs ne cessent plus d'exploser. Qui lui a mis dans les pattes un concurrent venu du Qatar pour faire monter les enchères ? La ligue professionnelle de foot ?

Certaines mauvaises langues y voyaient l'action des pouvoirs publics qui déjà, quelques années plus tôt, avaient essayé de faire entrer sur le terrain le groupe semi-public Orange. Le test fut un échec comme d'ailleurs l'éphémère chaîne C Foot lancée par la ligue professionnelle en juillet 2011 et arrêtée dès le mois de mai suivant ! Imaginée par ses promoteurs comme une façon de ne plus dépendre de Canal+ et donc de pouvoir faire monter les enchères, la chaîne n'était certainement qu'un leurre en attendant l'arrivée de vrais professionnels, ceux de BeIN sport, créée sur des fonds du Qatar.

C'est à cette occasion que j'ai découvert que le CSA pouvait être instrumentalisé : sur le papier, le projet de la Ligue de foot promettait monts et merveilles, à l'écran on a vu quelques matchs de deuxième division mal filmés. C'est tout. La cessation des programmes nous a été courageusement annoncée la veille ! Du vrai travail de professionnels du lobbying qui se sont servis d'un bien public pour organiser leurs profits. Comme le corbeau sur son arbre perché, j'ai juré, un peu tard, qu'on ne m'y reprendrait plus…

Désormais, c'est BeIN Sport qui, depuis 2012, chasse sur les terres historiques de Canal+, achetant des droits de plusieurs sports pour alimenter ses trois chaînes diffusées en France. Le groupe français a eu beau crier à une concurrence déloyale, les chaînes d'origine qatarie auraient aujourd'hui près de trois millions d'abonnés.

Le droit à l'info du téléspectateur

Après avoir craint l'asphyxie financière, Canal+ semble rétabli. Pour combien de temps ? Une fois encore, le CSA n'a pas grand-chose à dire sur ces questions de compétition économique mais la défense du droit des téléspectateurs reste son cœur de métier.

Aujourd'hui, un fan de foot doit dépenser plus de cinquante euros par mois s'il veut voir le foot réparti désormais sur deux chaînes payantes, Canal et BeIN Sport. Ce qui n'est tout de même pas négligeable en période de crise, et à quoi peuvent s'ajouter les tarifs d'abonnement à d'autres opérateurs pour voir des sports « mineurs » qui n'intéressent pas les grands groupes.

Le dossier m'attendait sur mon bureau dès les premiers jours de mandat, il sera réglé la dernière semaine de ma présence au CSA ! Et je n'ai pas traîné en route, pourtant, mais plutôt appris à naviguer en eaux troubles.

Pendant six ans, il m'aura fallu en effet slalomer entre des intérêts contradictoires en n'oubliant jamais celui du téléspectateur. Ma ligne de conduite est que l'amoureux de sport n'est pas obligé – et n'a pas forcément les moyens – de s'abonner à toutes les chaînes payantes pour disposer d'un minimum de résultats sportifs en images. Il doit pouvoir en trouver des extraits sur des chaînes gratuites. Pour les ligues professionnelles ou les fédérations qui organisent ces compétitions, les sommes récoltées par la vente des droits du foot ou du rugby doivent profiter avant tout à ceux qui produisent le spectacle. Pour les chaînes de télévision qui misent beaucoup d'argent sur ce secteur, l'investissement doit être protégé.

Côté pouvoir public, on hésite souvent entre défense des intérêts économiques du sport qui dépend trop des droits télé et protection des disciplines moins exposées qui parfois sont obligées de payer pour être visibles à la télévision.

Un vrai jeu de Mikado : si une baguette bouge, tout le système vacille… Il va falloir du doigté. À force de réunions, de consultations, de compromis, nous parvenons à l'esquisse d'un accord qui devrait permettre aux chaînes de diffuser un peu plus que les trente secondes du championnat de foot autorisées jusqu'alors. Malgré tout, les ligues professionnelles estiment que nous entamons leurs revenus au nom du droit à l'information.

Les nouvelles dispositions sont adoptées lors de l'avant-dernière réunion du collège à laquelle je participerai. Dès mon départ, elles seront remises en cause par la nouvelle équipe du CSA pour des raisons qu'il ne m'appartient plus de juger. Je suis à peine surpris que la conseillère qui a repris le dossier n'ait pas pu le défendre plus âprement alors qu'elle était plus « jusqu'au-boutiste » que moi sur la question.

Une fois quittées mes fonctions, j'ai refusé de m'immiscer dans le débat et d'ailleurs personne ne m'a demandé mon avis. Sachez simplement que désormais la populaire émission de TF1 « Téléfoot » n'aura plus accès au droit à l'info et donc aux images du championnat de France sous prétexte qu'elle ne diffuse que du football ! Si l'émission avait inclus une rubrique consacrée à la pétanque, elle aurait pu bénéficier du droit aux brefs extraits. Le texte a été modifié après mon départ pour permettre une telle incongruité.

Pendant ce temps, vous pouvez voir les championnats nationaux de foot d'Amérique du Sud pour le prix de votre abonnement à une « box » telle que Numericable qui vous offre pour le même forfait l'accès à Internet et des communications téléphoniques illimitées… Plus fort, en Allemagne, notre voisin « exemplaire », les matchs de l'équipe nationale de foot sont toujours visibles gratuitement sur les chaînes publiques ! De quoi réfléchir, non ? J'imagine le tollé si j'avais osé lancer le débat en France…

Ce dossier illustre bien la difficulté, pour une autorité de régulation, d'imposer son point de vue face à des intérêts économiques que le téléspectateur n'imagine pas. Sait-il, quand il voit gratuitement sur une antenne généraliste quelques secondes d'images de sport diffusées auparavant en direct sur des chaînes auxquelles il n'est pas abonné, quels combats de coulisses il a fallu pour en arriver là ?

La poule aux œufs d'or devenue un chapon

À défaut de clairvoyance, désormais, les ligues sportives pros doivent lutter contre des sites de partage qui « offrent » ces images après les avoir piratées. Entre partage et piratage, il n'y a qu'une lettre de différence ! Sur leurs ordinateurs, les amateurs avertis savent trouver les sites qui proposent ces images, filmées avec un simple téléphone sur un écran puis mises dans le circuit à l'abri de toute poursuite pour infraction au droit de propriété. À trop vouloir protéger la poule aux œufs d'or, on en a fait un chapon.

La métaphore de la basse-cour pourrait se prolonger pour tenter d'expliquer comment en refusant de laisser diffuser gratuitement – et après le direct – quelques secondes par jour les images qu'ils ont acquises si chèrement, les détenteurs de droits sportifs n'ont pas vu que d'autres renards entraient dans le poulailler.

Même si cet aspect du piratage échappait au CSA, j'en ai alerté les intéressés sans être entendu. À tous ceux qui m'ont reproché à cette époque de manquer de stratégie économique, je réponds aujourd'hui qu'ils ont préféré une perspective financière à court terme sous la pression de leurs propriétaires. Exposer un bien privé, un joli tableau dans une galerie publique ne lui retire pas de la valeur, bien au contraire. Quand il a fait rêver tous ceux qui ne pouvaient pas se l'offrir, il peut certainement être vendu plus cher à ceux qui en ont les moyens ! Rapportez cela aux buts du championnat de France : montrer quelques actions des matchs cryptés, 30 secondes sur 90 minutes de temps de jeu réel, ne retire rien à la valeur de la compétition. Tout au plus cela peut-il donner envie de s'abonner un jour... C'est ma vision de l'économie, même si elle n'est pas universitaire. Mais en temps de crise, les actionnaires veulent des résultats immédiats. Rentabilité avant tout. Après moi, le déluge.

Expression que mes opposants au sein même du Conseil ont retournée contre moi, l'utilisant sous cape à la fin de mon mandat. Le reproche implicite étant que je voulais laisser mes dossiers dans un état d'avancement suffisant pour que le CSA – ma Pénélope – n'ait pas à détricoter l'ouvrage après mon départ vers d'autres rivages. J'assume. Aujourd'hui, quand je croise des grands noms du monde du sport, ils me félicitent pour ma ténacité, même si j'ai perdu la partie. En sport, il y a des défaites glorieuses. J'ai fait le boulot pour lequel j'avais été désigné. Sans concession.

Le droit à l'info en péril

En défendant ce droit à l'info, j'ai également voulu prévoir le pire : que se passerait-il si les meetings politiques, par exemple, n'étaient plus accessibles demain à toutes les chaines sous prétexte qu'ils ont lieu dans des salles privées et que les droits en ont été achetés par une chaîne commerciale ?

Demain le défilé du 14 Juillet en exclusivité sur TF1 ou M6 ? La garden-party de l'Élysée sur France 2 ?

L'actualité cinématographique a déjà suivi ce chemin. À la sortie des films, les journalistes disposent d'un « press-kit » avec extraits de l'œuvre et parfois interviews des acteurs déjà réalisées. Étrange conception de la liberté d'informer… Mais c'est une autre histoire.

*
* *

Quoi qu'il en soit, comme pour celui de la Radio numérique terrestre où mes « partenaires » se sont évertués à jouer la montre, à me faire perdre du temps, la gestion du dossier « droits aux brefs extraits » sur une période de six ans me fait dire que le CSA manque de moyens d'action sur les questions économiques.

Ses prérogatives sont déjà réelles, mais en cas de blocage, les opposants ont beau jeu de le renvoyer à « son absence de vision économique des affaires audiovisuelles ». Comment à l'avenir éviter ce genre de critique ? Comment surtout mieux protéger le téléspectateur d'enjeux qui le dépassent ? Cela reste ma préoccupation au-delà de mon mandat. Presque une obsession. Le droit à l'info, c'est un devoir de l'avoir protégé. Même si on ne peut pas plaire à tout le monde !

– 10 –

ON N'EST PAS COUCHÉ

Amaradio. C'était le nom de la station « privée » que mon frère Amar et moi avions créée dans la maison de nos parents, en Lorraine, bien avant le phénomène des radios libres ! Lui treize ans, moi cinq de plus, nous avions sonorisé toutes les pièces pour informer la famille et la distraire. J'assurais les journaux d'info, Amar la technique et l'illustration musicale. Avec quelques 33 tours d'Enrico Macias et de Claude François, une console bricolée, un micro récupéré et vingt mètres de câble… Nous avions la mission d'interviewer nos jeunes sœurs et notre mère sur la vie quotidienne. Une fois enregistrées, ces émissions étaient envoyées par cassettes en Algérie dans la famille restée au bled. Très vite, nos œuvres ont circulé chez nos cousins installés aux États-Unis, à Rome ou à Moscou. Un vrai réseau international ! Mon frère est devenu caméraman-réalisateur au long cours et moi, je vous écris… pour encore vous parler de radio et de ma lutte pour la sauver de la disparition.

La France détient le record d'Europe – et peut-être du monde – du nombre de radios disséminées sur le territoire : plus de 1 300 stations. Des locales, des régionales, des musicales, des communautaires, des généralistes… Sur le papier, il y en a pour tous les goûts et pendant des années le CSA a peaufiné cette toile d'araignée née de la libération des ondes après 1981. Depuis, les radios pirates de l'époque sont devenues des corsaires qui ont organisé de véritables razzias sur la bande FM avec l'assentiment plus ou moins clair des pouvoirs publics.

Officiellement, à l'instar de la télévision, on ne peut pas racheter une fréquence comme on le fait pour un appartement afin d'élargir son patrimoine immobilier. Ou plutôt il faut le faire devant le notaire qu'est devenu le CSA au fil des années. C'est vrai que seul le Conseil a le pouvoir d'autoriser la diffusion d'une chaîne après une enquête assez poussée, mais il faut dire aussi qu'il est rarissime qu'une fréquence soit perdue par celui à qui elle a été attribuée. Il faudrait presque que le patron de la station ait manqué de respect à chacun de ses auditeurs nommément pour qu'il doive restituer ce qui reste un bien inaliénable du domaine public.

Radios associatives : un lien

En matière de radio, mes prédécesseurs ont veillé à respecter la loi qui prévoit qu'un quart des fréquences soit réservé aux stations associatives. Par définition, ces stations sont sans but lucratif, mais elles assurent de mon point de vue une mission essentielle auprès du public tout en étant des studios où les jeunes amoureux de la radio peuvent découvrir que ce media est un véritable lien social. J'ai déjà dit que la radio était un réseau social avant Internet. Mais un réseau mieux maîtrisé, sans jouer les apprentis liberticides…

Ces petites stations sont fragiles économiquement, même si elles sont aidées par un fonds de soutien que finance le ministère de la Culture. Souvent dirigées par les pionniers de 1981, elles sont confrontées à un défi générationnel puisque leurs créateurs atteignent l'âge de la retraite et n'ont plus le feu sacré qui a fait de ce secteur un espace de liberté.

Ces radios associatives, qui emploient tout de même plusieurs centaines de personnes, sont organisées autour de deux syndicats. Ceux-ci tentent de protéger leurs adhérents des convoitises des plus grands réseaux toujours à la recherche de fréquences, dans un spectre hertzien où il ne reste que des miettes, avec des ondes libres uniquement dans des petites zones peu peuplées qui n'intéressent pas les publicitaires.

Radios « indépendantes » Oui, mais de qui ?

Pour continuer de grandir et d'attirer la pub, les radios commerciales – régionales ou nationales – s'organisent elles aussi en syndicats aux méthodes rentables mais parfois douteuses. L'organisation qui défend les intérêts de ces petites entreprises, le SIRTI – Syndicat des radios et télévisions indépendantes –, a mis sur pied un ingénieux système de régie publicitaire qui permet de partager les recettes commerciales entre ses adhérents grâce à un groupement d'intérêts économiques (GIE) dirigé par les mêmes personnes que le syndicat… Le SIRTI se veut le poil à gratter du CSA. Toujours à contre-courant, ils m'accuseront même sur le tard d'être à la solde des grands groupes ! Amusant quand vous lirez la suite. Dès ma première participation à l'un de leurs congrès, j'ai dû affronter une fronde de propriétaires de radios régionales vent debout contre la répartition des fréquences entre les différentes catégories de radios. Alors que j'étais à la tribune, l'un d'entre eux est intervenu pour tenter de me faire dire que le CSA était injuste à leur égard avant mon arrivée ! Il m'a fallu élever la voix pour que les organisateurs interviennent du bout des lèvres. Je venais de redécouvrir ce que les marxistes appellent un rapport de forces. Mais cet incident est anodin comparé à ce que j'ai découvert quelques années plus tard en recevant dans mon bureau un ancien adhérent de haut niveau de ce syndicat.

Ayant osé critiquer les méthodes de sa propre organisation, celui-ci s'est vu exclu et quasiment interdit d'exercer son métier. Les yeux pleins de larmes, il m'a raconté comment, alors qu'il essayait de se relancer dans une petite station locale, ses anciens amis l'avaient obligé à se mettre à genoux pour demander pardon. Je me suis souvenu ce jour-là que la notion de syndicat pouvait aussi être prise au sens qu'elle avait en Amérique du Nord au temps de la prohibition.

L'affaire que j'évoque était devant la justice quand j'ai quitté mon poste et l'Autorité de la concurrence a même été amenée à regarder de près certaines pratiques qu'il ne m'appartient pas de juger. Difficile d'en dire plus mais il me suffisait de voir les dirigeants de ce syndicat quitter leurs congrès annuels à bord de jolies berlines allemandes pour me rendre compte que la radio « indépendante », ça rapporte !

Le Bureau de la radio : d'un autre âge

Autre grande puissance dans cette guerre froide des ondes : le Bureau de la radio. Il réunit les grands groupes qui se déchirent à longueur de sondages mais se retrouvent pour défendre le pré carré des réseaux nationaux face aux concurrents moyens ou petits que je viens d'évoquer.

Les grands groupes : RTL, Europe 1, Nextradio, NRJ. La bande des quatre, comme nous les nommions au CSA en plaisantant sur le nom de leur syndicat : « Le Bureau de la radio, ça ressemble aux régimes où les dirigeants veulent maîtriser les ondes… » Un jugement pas forcément aimable mais, à huis clos, il arrivait aux conseillers de se lâcher un peu. De l'autre côté, les mots gentils ne volaient pas plus haut : avec Méar et Boyon, je fus taxé d'« ayatollah de la RNT » par un grand dirigeant de radio. J'aurais pu mal le prendre eu égard à mon histoire personnelle. Cela m'a plutôt fait sourire, venant d'un patron qui avait fait défiler ses auditeurs dans Paris au nom de la liberté d'expression bien après la libération des ondes en 1981. Menacée pour ne pas avoir respecté ses obligations, la « radio des djeuns » avait manipulé ses fans pour lever la sanction ! Ayatollah ? Khomeyni avait lui aussi utilisé les foules pour accéder au pouvoir. Ayatollah ? Mon accusateur, qui a profité des fréquences publiques et gratuites, me fait plutôt penser au shah d'Iran.

Le Bureau, comme disent entre eux les membres de cette association à but lucratif – peut-être conscients du ridicule de l'appellation – a un objectif économique recevable : préserver les recettes publicitaires du secteur de la radio attaqué par la télé et Internet. Mais c'est aussi un moyen de pression sur les pouvoirs publics.

Un élu invité sur une de ces antennes pour parler politique m'a avoué – sous le sceau du secret – qu'à la sortie des studios, ayant donné son point de vue – favorable – sur la numérisation de la radio, il s'était entendu dire qu'il ne serait plus convié s'il maintenait sa position.

Cela restera pour moi le plus bel exemple de la toute-puissance des lobbies économiques sur le pouvoir politique, en tout cas dans le domaine audiovisuel que je connais.

La numérisation de la radio – je le rappelle – est prévue par une loi de 2006, votée donc par le Parlement, et toujours pas appliquée aujourd'hui. J'ai déjà dit pourquoi les grands groupes avaient alors intrigué pour que la norme technique choisie par le ministère de l'Industrie éloigne les petites radios de cette révolution technologique.

Un de mes anciens collègues du CSA, présent dans ce ministère à l'époque, m'a expliqué pendant mon mandat comment il avait essayé de faire choisir un mode de numérisation plus judicieux techniquement et moins onéreux… et comment les grands groupes, associés à l'époque à la radio publique, avaient fait pencher la balance de leur côté. C'est ainsi que les puissants imposent leur choix aux pouvoirs publics.

La crainte de ces groupes était de voir se reproduire les conséquences de la numérisation de la télévision, à savoir l'arrivée de nouveaux compétiteurs. Avant le lancement de la TNT, un grand groupe télé avait compris cela : TF1 s'était employé au plus haut niveau à saborder le projet et en paie encore aujourd'hui les frais, ayant refusé de lancer sa chaîne d'info LCI sur la TNT gratuite, avec les conséquences que l'on sait… N'y revenons pas.

Le CSA, dirigé alors par Dominique Baudis, n'avait pas cédé, menant le chantier à son terme, aidé par de nouveaux acteurs de l'audiovisuel voulant leur part du gâteau. Mais en matière de radio, les alliés d'hier pour la télé sont devenus adversaires du Conseil qui n'a pas réussi à imposer la loi de numérisation dans ce domaine, abandonné qu'il a été par les pouvoirs publics.

Aujourd'hui, ce sont les petits groupes devenus gros grâce au succès de la radio qui sont à leur tour dans le rôle du copropriétaire refusant que le syndic fasse de la place pour de nouveaux locataires. Syndrome des nouveaux riches qui tirent l'échelle sociale derrière eux…

Pendant toute cette épopée, je n'ai bénéficié que d'un vrai soutien extérieur : Axel Duroux, patron de RTL jusqu'en 2009, qui partageait avec moi le fait d'avoir été journaliste et d'avoir une certaine vision stratégique du media. C'est lui qui avait redonné à sa radio la première place ravie par NRJ, la radio musicale. Cet ancien reporter-photographe, devenu un grand mécanicien des rouages économiques de l'audiovisuel, osait me raconter les difficultés qu'il avait avec ses propriétaires allemands et comment il les contournait pour ne pas dépendre que d'objectifs de rentabilité immédiate. Mini-leçon de gestion au passage : vaut-il mieux se contenter de distribuer des dividendes aux actionnaires ou investir pour protéger les recettes à venir ? Question qui vaut bien au-delà du petit monde des media dans une France en crise. En tout cas, Axel fut le seul interlocuteur avec qui je pus travailler en confiance !

Le Bureau de la radio et moi avons eu des relations aigres-douces puis carrément conflictuelles quand ses membres ont compris que je privilégierais toujours la défense de la loi et surtout celle du public, au détriment de toute considération économique s'il le fallait. Pendant six ans, nous avons joué au chat et à la souris, et je n'étais pas le félin.

Voilà typiquement comment un modeste conseiller qui a pris son boulot au pied de sa lettre de mission s'est heurté aux décideurs économiques et à leurs homologues politiques.

La radio publique…
Quel avenir ? Internet ?

Reste, dans cette analyse spectrale du paysage radiophonique français, un acteur de première grandeur : le service public. Ayant la faiblesse d'en être un auditeur toujours fidèle, j'ai observé de près son évolution. Tout d'abord parce que, venant de France Télévisions, j'admirais le fait qu'un groupe de sept antennes différentes soit aussi cohérent. À la télévision publique, les chaînes sont plus concurrentes que complémentaires. À Radio France, en fonction de ce que j'attends, je choisis plutôt Inter que France Culture ou l'inverse. La maison ronde a elle aussi ses défauts, mais j'apprécie sa diversité et son impertinence… Parfois certes débordante, ou irritante.

Le premier P-DG avec lequel j'ai été amené à travailler dans la maison ronde fut Jean-Paul Cluzel. Pas vraiment un homme du sérail malgré son passage à RFI, mais un interlocuteur passionnant et attentif à mes remarques. Une nouvelle preuve qu'il n'est pas besoin d'être sorti du berceau audiovisuel pour en comprendre les subtilités. Ses ingénieurs l'avaient persuadé de passer au numérique en même temps que ses concurrents privés. Il ne semblait pas passionné par le sujet mais n'a jamais entravé mon action. Un honnête homme, je crois. J'étais un ardent partisan de sa reconduction mais l'Élysée en a décidé autrement.

En lui succédant, Jean-Luc Hees était convaincu de la nécessaire numérisation des radios du service public, ne serait-ce que pour améliorer l'accomplissement des missions obligatoires et légales de ce service public : être partout présent sur le territoire avec une offre gratuite et diversifiée.

Dans le huis clos de son bureau, il a reconnu plus tard qu'il avait été mal conseillé avant de me répondre, lors de son audition devant le Conseil, qu'Internet pouvait être une solution d'avenir pour numériser ces radios.

Un des grands spécialistes des affaires techniques auprès de lui, Jean-Michel Kandin, venu d'un groupe privé, nous a aidés à nous comprendre mieux. Il disait à son patron : « Avec la radio par Internet en 1940, les Allemands auraient su qui écoutait Radio Londres. » C'est vrai que ma principale opposition au transport des programmes radio par les ondes d'Internet tient au fait que cela anéantirait les principaux avantages démocratiques de la radio par les ondes hertziennes : gratuité et surtout anonymat.

Sur Internet et avec votre adresse « IP », on peut savoir ce que vous écoutez à tout instant et très vite vous recevrez des messages publicitaires personnalisés puisque vos goûts n'auront plus rien de secret ou d'intime. On imagine les usages que pourrait en faire un régime totalitaire…

Pour la radio, le fait d'avoir tant tergiversé sur la question technologique de sa numérisation privera peut-être tout le secteur du réseau de diffusion extrêmement performant dont il dispose aujourd'hui en France.

Si c'est le cas, cela mettra alors les opérateurs radiophoniques sous la coupe des entreprises de télécommunications pour qui tous les contenus ont la même valeur, ce qui compte c'est ce qu'ils rapportent ! Peu importe que ces contenus proviennent de professionnels de l'information, d'amateurs ou de sites commerciaux qui cherchent avant tout à placer de la publicité.

N'étant ni un « technologue » ni un adversaire du progrès, j'écoute aussi la radio par Internet chez moi. Dans la rue, sur mon téléphone, il est encore très aléatoire de capter en continu une émission. Mais depuis quelque temps, ce qui me frappe le plus, c'est une petite icône sur mon portable me proposant de ne plus avoir de publicité à condition de souscrire un abonnement !

Le monde à l'envers. Auparavant, les écrans commerciaux coupaient les écrans tout court, aujourd'hui, ils en occupent une partie d'office et nous devrions payer pour les éviter…

La pub, un point sur lequel les stations publiques sont presque épargnées. Une bonne chose pour l'auditeur mais qui a l'inconvénient de faire dépendre France Inter et ses cousines du bon vouloir budgétaire des pouvoirs publics. C'est le ministère de l'Économie qui tient les cordons de la bourse et fait des choix stratégiques parfois hasardeux.

Face à la pression du secteur privé, l'État – actionnaire unique de Radio France – a ainsi refusé, alors que la loi l'y autorise, de réserver des fréquences numériques pour le service public. Coup fatal à une réelle ouverture du paysage radiophonique et à une meilleure distribution du service public dans toutes les zones habitées. Aujourd'hui encore, à titre d'exemple, France Info n'est reçu que par 70 % des Français !

État contre CSA, raisons économiques contre intérêt public : allait-on obliger les auditeurs à changer de poste pour écouter les nouvelles radios numériques et garder l'ancien appareil pour rester en contact avec les chaînes historiques ? Car le chantier était également industriel. Pendant des mois, j'ai participé à des réunions avec les fabricants d'appareils très intéressés, eux, par le renouvellement du parc. Rien n'y a fait. Je vous épargne les interminables débats techniques auxquels j'ai assisté avant de comprendre que tout cela n'avait qu'un but : retarder le processus… et attendre que je quitte le CSA pour reprendre le chantier à zéro.

Mais, ayant appris à jouer aux échecs pendant ces six ans, j'ai fait en sorte que les travaux soient lancés avant mon départ. Après de nouvelles tergiversations, mes successeurs ont fini par inaugurer le chantier en toute discrétion. Sans m'y convier ce jour-là et sans tambour ni trompette, en espérant sûrement qu'en cas d'échec, on pourrait toujours mettre en avant mon acharnement… à faire respecter la loi.

Sur la porte de bureau du jeune chef du service politique que j'étais vingt ans auparavant, j'avais affiché une phrase de La Bruyère : « Que de dons du ciel ne faut-il pas pour régner. » Cela m'avait aidé à devenir un confident, une nounou pour des journalistes à l'ego si sensible.

Sur ma porte au CSA, j'aurais aimé laisser : « Que de dons de l'enfer ne faut-il pas pour réguler ! »

Ce message, j'aurais voulu le faire lire à tous les dirigeants de radio qui venaient me prêter allégeance pour obtenir une petite fréquence avant de me crucifier. N'étant pas croyant, je me suis abstenu de cette provocation ultime en ne faisant pas appel à La Bruyère. Aujourd'hui, c'est moi qui connais le purgatoire… après la toute-puissance supposée.

Car ceux-là même qui bloquaient le dossier de la RNT savaient venir jouer les pleureuses quand les services du Conseil mettaient au jour quelques fréquences libres de-ci de-là sur la bonne vieille bande FM. Petits et grands patrons faisaient alors le siège de la tour Mirabeau, oubliant leurs organisations de défense respectives, pour quémander quelques « mégahertz » aux dépens de leurs petits camarades du même syndicat professionnel.

Alain Méar, qui a supervisé le dossier analogique pendant quatre ans, avait une formule choc : toute sélection d'une radio par le CSA fait un ingrat et beaucoup de déçus !

Alors que le réseau d'émetteurs en France est l'un des plus denses d'Europe, 30 % des Français ont moins de dix stations à leur disposition. Loin des cinquante programmes différents offerts aux habitants de l'Île-de-France. C'est aussi pour réduire ces inégalités que j'ai milité pour la numérisation de la radio. En télé, tout habitant du pays a droit à vingt-cinq chaînes gratuites depuis l'avènement de la TNT. Au nom de l'égalité territoriale, un principe républicain. En radio, pourquoi est-ce différent ?

Le transistor a été une révolution audio qui a largement participé à la démocratisation de la radio, et partout : à la maison, en voiture, au bureau, dans les magasins.

Dans un monde numérique, qui prendra la responsabilité de sacrifier le media le plus familier et le plus sûr ?

Au CSA, j'ai été le premier à m'occuper de radio pendant toute la durée de mon mandat. Ce dossier réservé aux nouveaux venus au Conseil était habituellement largué dès que possible par le titulaire du portefeuille aux dépens du dernier arrivé au CSA. Ce qui devait rendre les actions de pression encore plus faciles. Et pourtant un mandat de six ans n'est pas de trop pour comprendre les aspects techniques mais aussi politiques du sujet… Mon successeur a très mal pris que je sois interrogé récemment sur la radio numérique dans un article de presse spécialisée ! Peu m'importe : le règlement intérieur du Conseil prévoit que ses anciens membres sont tenus à une obligation de réserve pendant un an et, ce délai étant passé, il me semble sain de continuer de suivre, même de loin, des dossiers d'aussi longue haleine. On appelle ça la continuité républicaine !

La radio : un media en danger

Mon amour de la radio est né quand j'avais treize ans. Je suis plutôt un enfant de la radio qu'un enfant de la télé. Adolescent assez solitaire, j'adorais me réfugier sous mes draps pour écouter la nuit l'émission de Jean-Michel Desjeunes sur Europe 1. Le programme s'appelait « Campus » et traitait aussi bien des modes musicales et de la contre-culture que des courants de pensée mondiaux en pleine France gaulliste.

Quand mon premier transistor connut quelques défaillances, une fourchette m'a servi d'antenne. Le monde s'invitait chaque soir dans ma chambre et la radio a certainement structuré ma façon de penser. Aujourd'hui encore, je vis branché à la radio.

C'est pendant mon mandat au CSA qu'est revenue l'habitude d'écouter l'univers par ondes interposées la nuit. Comme en pleine adolescence. Ayant découvert les podcasts, je ne rate désormais rien des émissions diffusées dans la journée. La radio, c'est bien sûr l'imaginaire des voix qu'on peut écouter les yeux fermés. Compagne des nuits blanches que m'a valu le dossier RNT.

J'ai toujours été surpris du peu d'intérêt de la majorité de mes collègues pour ce qui passait sur les ondes. À plusieurs reprises, j'ai constaté qu'ils ne connaissaient pas le programme dont nous parlions ! Comment réguler l'audiovisuel sans être passionné par ses contenus ? Les services du Conseil avaient en moi une vigie permanente et j'ai la faiblesse de croire que cela m'a rendu sympathique à leurs yeux. Je n'ai pas besoin de lire les blogs des spécialistes pour être au courant des évolutions de la radio… et de ses programmes. Je suis un auditeur exemplaire.

C'est ainsi qu'un après-midi, en pleines vacances de Noël, le téléphone fixe de la maison a sonné : hasard hallucinant, l'institut de sondage chargé de mesurer l'audience des radios s'inquiétait de mes habitudes d'écoute ! J'ai décliné la proposition sans expliquer pourquoi.

Un membre du CSA chargé de la radio interrogé sur ses habitudes d'écoute : louche, non ? Mais en raccrochant, je me suis demandé comment, en interrogeant aléatoirement 126 000 personnes tous les trois mois, on pouvait mesurer sérieusement la puissance de la radio. Et pourtant c'est à partir de cette enquête réalisée par Médiamétrie et financée par les radios elles-mêmes que sont établis les tarifs des spots publicitaires et la hiérarchie supposée des stations.

Étrange tout de même que très longtemps le système de valeur n'ait reposé que sur des sondés interrogés sur leur vieux téléphone fixe, qui plus est à des heures où même les amoureux de la radio ont de grandes chances d'être au boulot.

Un autre type de sondage me semble moins sujet à caution : chaque année, des Français interrogés pour l'hebdomadaire *La Croix* confirment que c'est à la radio qu'ils accordent le plus de crédibilité.

Devant la presse écrite, loin devant la télé et encore plus devant Internet, même si le chiffre de ce dernier progresse un peu. La durée d'écoute quotidienne de la radio reste aux alentours de trois heures par jour.

Légèrement en baisse contrairement à la télé, qui ne se consomme pas aux mêmes heures. Signal d'alarme sur l'avenir de ce media à part ?

Comment un appareil analogique (la bonne vieille radio) peut-il survivre dans un environnement entièrement numérique ? Les téléviseurs et les ordinateurs peuvent se connecter entre eux et ouvrir de nouveaux horizons, pas l'héritier de la TSF. Bientôt mon grille-pain et ma cafetière pourraient être reliés par Wi-Fi mais pas ce que l'on n'appelle plus un transistor.

À ceux qui me serinaient qu'Internet était la seule solution pour faire entrer la radio dans l'univers numérique, je conseillais de se livrer à ma petite expérience du matin : petit déjeuner dans la cuisine avec un récepteur en modulation de fréquence et suite des programmes dans la salle de bains en passant par Wi-Fi sur les ondes réservées aux télécommunications. En changeant de pièce, vous revenez souvent quelques secondes en arrière sur le programme que vous écoutiez en direct.

Étonnant progrès qui vous fait remonter le temps, mais, plus sérieusement, inquiétante dérive faisant que c'est le diffuseur technique qui décide de la rapidité à laquelle vous recevez votre programme et qui un jour choisira celui qu'il ne veut pas vous envoyer !

Pour vous en convaincre, essayez d'écouter votre station préférée sur votre téléphone intelligent. L'application radio vous offre un choix fermé : les grandes stations en priorité. La présélection de vos programmes est faite subrepticement à votre place. C'est la technique de la tête de gondole chère aux supermarchés. Le produit que vous préférez se trouve très haut dans le rayon, voire en réserve. Prenez donc celui qui est à portée de main. En radio, c'est ce qui va se passer.

Les radios libres puis légalisées mais aussi celles qu'on disait « périphériques », toutes avaient assis leur succès sur le contrôle de leur diffusion. Se rendent-elles compte qu'elles risquent d'y perdre leur autonomie dans un monde technologique où la vitesse de réception est devenue plus importante que le contenu reçu ?

Nous avions imaginé que, sur la bande de fréquences allouée par la loi à la numérisation de la radio, une partie de la ressource, comme on dit au CSA, serait réservée à des données associées qui feraient entrer les stations dans une autre dimension : le son et des données numériques. Exemple : j'écoute une chanson, je peux revenir en arrière, l'acheter en un clic, trouver son interprète et les lieux où il va se produire en un autre clic sur un petit écran. Et puis parmi les avantages de la RNT, plus besoin de chercher sans arrêt la fréquence de sa station préférée quand on roule en voiture de Paris vers le Gers… J'étais allé jusqu'à travailler avec les constructeurs auto et audio pour que le GPS soit prévu dans les récepteurs RNT.

Enfin, et surtout, j'aurais tant aimé que mes beaux-enfants, férus de technologie comme toute leur génération, découvrent le media qui m'a fait grandir. Mais pour cela, il aurait fallu que les appareils de réception les tentent et que les programmes les attirent.

Comme en télévision, mon grand regret est de n'avoir jamais trouvé un interlocuteur intéressé par un débat sur le fond des programmes. Chaque fois que j'essayais, les patrons de chaîne se réfugiaient derrière la notion légale de liberté éditoriale. Souvent bien commode pour renvoyer l'« autorité » à un strict rôle de contrôle administratif.

Et la qualité dans tout ça ?

L'essentiel des radios françaises ne diffuse plus que de l'eau tiède, pour reprendre l'expression de mon collègue Méar avec qui j'ai partagé le dossier radio pendant quatre ans. Plus grave, certaines stations ne fonctionnent plus qu'avec un ordinateur qui sélectionne les musiques annoncées par une voix synthétique, ce qu'on appelle le « *voice track* »…

Beaucoup d'autres radios enfin ont abandonné aux auditeurs la responsabilité de tenir l'antenne. Je suis pourtant un ardent partisan de l'interactivité qui a été inventée par la radio avant les réseaux sociaux. J'ai terminé – provisoirement ? – ma carrière à la télé par une émission qui donnait la parole aux téléspectateurs en direct, mais j'ai toujours assuré la modération de l'antenne. Il existe désormais des émissions où l'animateur donne son avis, très orienté politiquement, pour provoquer les réactions des auditeurs ! Je ne donnerai pas son nom pour ne pas lui faire de pub gratuite…

Ce n'est pas en faisant de la radio un déversoir d'humeurs et de rumeurs qu'on protégera son crédit et donc son avenir. C'est peut-être ce que me reprochent ceux qui sont devenus mes détracteurs dans le petit monde des dirigeants radiophoniques : de ne jamais avoir voulu séparer le fond et la forme. Eux sont naturellement obsédés par les résultats d'audience et les comptes publicitaires.

Moi je n'ai jamais voulu dissocier la réflexion éditoriale de l'avancée technologique. Sur la seconde, mon obsession a été de comprendre, sur la première, de mettre en pratique ce que j'avais appris pendant trois décennies de journalisme. Et puis surtout, mes décisions ont toujours été guidées prioritairement par l'intérêt du public et sa bonne information. Ringard ?

L'auditeur n'est pas un consommateur inerte. S'il fait encore confiance au media radio, la relation est devenue fragile. Malgré tout, je crois à l'avenir du media qui a façonné des générations avant la mienne. La radio n'a pas tué la presse écrite. Elle n'a pas disparu avec l'arrivée de la télé et devra trouver les bonnes réponses face à l'irruption d'Internet.

Pourquoi un « radiophile » comme moi n'a-t-il jamais été derrière un micro ? En tout début de carrière, on m'a proposé de participer à l'aventure – naissante alors – des radios décentralisées du service public. Entre un contrat de six mois à Fréquence Nord qui venait d'être lancée à Lille et un engagement de neuf mois à FR3 Amiens, le jeune reporter qui n'avait pas connu un jour de chômage depuis l'école de journalisme a choisi la sécurité de l'emploi.

Quelques mois plus tôt, frais diplômé en journalisme, j'avais participé à un concours organisé par Europe 1 pour les meilleurs étudiants de chaque école de journalisme.

Après les épreuves de cette bourse Laugà, le jury m'avait expliqué que ma deuxième place s'expliquait par « mon ton trop France Inter » ! J'aurais dû me ruer vers la maison ronde de la radio publique avec cet argument en bandoulière. Aujourd'hui, j'adorerais apprendre à m'installer derrière un micro et reprendre le fil rompu avec le public.

*
* *

La gestion de ce dossier radio m'a appris à gérer les conflits sans émousser mon intérêt et mes convictions. Beaucoup de plaies et de bosses avec ce dossier, mais la certitude d'avoir essayé de participer à la survie d'un media menacé par la technologie qui pourrait le ranger au musée après de bons et loyaux services. Mais je ne laisserai pas facilement mourir les descendantes d'Amaradio ! Et tous les soirs, je me coucherai l'oreille collée à Ma radio.

– 11 –

DES PAROLES ET DES ACTES

27 février 2014 : Mathieu Gallet, président de l'Institut national de l'audiovisuel (INA), la société chargée notamment de constituer la mémoire numérique de la télévision, est nommé par le CSA à la tête de Radio France. Surprise totale car les bookmakers du PAF, plus ou moins bien informés, qui alimentent les rumeurs à longueur de blogs ne l'avaient pas vu venir du diable Vauvert.

C'est le résultat du nouveau changement de mode de nomination des dirigeants de l'audiovisuel après le retour de la gauche au pouvoir. Quelques mois après mon départ du Conseil, l'instance retrouve le pouvoir que lui avait ôté le gouvernement de droite. Ironie de l'Histoire, c'est notamment Mathieu Gallet qui aurait été à l'origine du précédent changement alors qu'il travaillait auprès du ministre Frédéric Mitterrand… Le ministre de la Culture et de la Communication de l'époque qui avait réussi à imposer son jeune directeur de cabinet à la tête de l'Institut national de l'audiovisuel en 2010.

Avec quelques grincements de dents chez ceux qui avaient rêvé de la place, et surtout un début de polémique autour d'un éventuel conflit d'intérêts. Tiens, tiens.

Un fonctionnaire peut-il diriger une entreprise dépendant de l'État après l'avoir contrôlée ? À l'époque, M. Gallet se voit reprocher de ne pas avoir sollicité l'avis de la commission de déontologie et une association luttant contre la corruption porte même plainte en justice contre lui. Le tribunal concerné n'y trouvera rien à redire.

Je n'ai pas eu de contact concret avec Mathieu Gallet tant qu'il était au cabinet du ministre, juste des relations cordiales. Je m'en tenais à une ligne très simple : appartenant à une autorité administrative indépendante, je n'avais pas de comptes à rendre au ministère. Une indépendance que je cultivais jalousement – trop ? – en ne me rendant jamais rue de Valois pour évoquer les dossiers en cours. La direction générale du CSA joue très bien le rôle de courroie de transmission quand c'est nécessaire. À deux occasions seulement en six ans, je recevrai dans mon bureau la direction du développement des media venue du ministère pour évoquer des dossiers techniques.

La première fois, j'ai constaté que, sur la radio numérique terrestre, les services du ministère développaient une force d'inertie très puissante. La seconde fois, consulté sur la énième réforme de l'audiovisuel extérieur comme je l'ai déjà raconté, j'ai compris qu'il ne servait à rien de multiplier ces réunions inutiles. Surtout qu'entre-temps le même service était devenu la DGMIC : la Direction des media et de l'industrie du cinéma, un monstre technocratique qui s'ingénie à compliquer les dossiers pour que les ministres ne puissent rien décider. Frédéric Mitterrand l'a reconnu dans une interview à Canal+ : « Oui, oui, monsieur le Ministre », lui disaient ses conseillers… et rien ne se faisait. Voilà pourquoi j'ai évité de me laisser engluer par ces conseillers en tout genre qui peuplent les ministères.

Pour ma part, j'ai toujours pensé que dans conseiller il y a conseil et à chaque occasion j'ai essayé de jouer ce rôle en m'appuyant sur mon expérience de journaliste et de spécialiste des media. Ma propre naïveté me touche !

Un dernier exemple : une fois par an, le ministre de la Culture reçoit à sa table les membres du CSA pour un déjeuner que tous assimilent à un pensum. La dernière année de mandat, je boycotterai ces agapes pour montrer mon désaccord sur la gestion par cette administration des dossiers me concernant. À table, le ministre s'inquiétant de mon absence, il lui a été répondu que j'avais eu un empêchement de dernière minute. Voilà. Eh bien non, je marquais mon indépendance à ma façon.

Sans entonner encore le couplet des relations incestueuses entre politique et media, je suis toujours frappé du nombre de membres de cabinets ministériels qui dirigent aujourd'hui des entreprises audiovisuelles. Il m'arrive de radoter ! Un coup d'œil aux CV des patrons de chaînes et surtout à leur entourage est édifiant sur les parcours public-privé aller-retour…

Certes le climat de défiance généralisé pousse à voir des conflits d'intérêts partout, mais il arrive aussi que des honnêtes serviteurs de l'État élevés aux pis de la République sachent devenir de bons dirigeants de l'audiovisuel ou d'ailleurs.

Comme l'ancien président de l'INA, devenu patron de Radio France. À deux reprises il avait été auditionné en ma présence par le Conseil où le président de l'Institut vient annuellement faire une visite de courtoisie qui n'a rien à voir avec les bilans extrêmement précis que doivent présenter les responsables des chaînes liées conventionnellement à l'autorité de régulation. Mais l'INA n'en fait pas partie, même si la loi audiovisuelle prévoit pour le Conseil un pouvoir de « remontrance » dans l'hypothèse où l'entreprise ne respecterait pas certains de ses engagements vis-à-vis de l'État ! Ce qui ne veut rien dire et n'arrive jamais d'ailleurs.

C'est bien parce que cette entreprise n'entre pas dans le champ des compétences du CSA que je me hasarde, à ce moment-là, à être candidat à la présidence de l'INA. Les juristes consultés sont un peu partagés mais la jurisprudence Gallet me pousse à être audacieux.

L'INA… ccessible

La ministre de l'époque, Aurélie Filippetti, a fait savoir par presse interposée que le jeu est ouvert et qu'elle auditionnera les candidats. Je structure les grandes lignes de mon projet et fais déposer le courrier en recommandé avec accusé de réception. Précaution pas inutile puisqu'à ce jour le ministère n'a jamais pris contact avec moi, ne serait-ce que pour me renvoyer à d'autres fantasmes. Face à ce silence, j'informe moi-même de ma candidature un journaliste d'un quotidien économique sérieux. Faisant son enquête, il se voit répondre dans un premier temps qu'il n'y a pas de candidature à mon nom… puis que je ne remplirais pas les conditions juridiques ! Sous-entendu : je pourrais être soupçonné de conflit d'intérêts alors que le président précédent en avait été blanchi malgré son appartenance à l'autorité qui exerçait la tutelle sur l'INA. L'intérêt et le conflit du même nom seraient donc à géométrie variable. Pourtant mon « intérêt » pour l'Institut national de l'audiovisuel était étayé dans mon projet sans conflit. Il remontait à l'époque où l'entreprise était dirigée par Emmanuel Hoog, devenu ensuite patron de l'AFP. Gallet et lui ont fait un travail remarquable de modernisation de ce qui n'était au départ qu'un avatar de feu l'ORTF.

Pendant quelques semaines, dans les articles consacrés à cette nomination, mon nom apparaît pourtant dans la short list… Certains évoquent même mon audition.

Mon agenda n'en garde cependant aucune trace. Résultat de la course à handicap à laquelle je ne sais pas si j'ai vraiment participé : nomination en Conseil des ministres d'une fonctionnaire, certainement de qualité, qui exerçait jusqu'alors ses talents au Centre Pompidou parce qu'elle n'avait pas pu décrocher la direction du Centre national du cinéma ni le poste de directrice de cabinet de la ministre de la Culture. Un poste qui reviendra finalement d'ailleurs au secrétaire général de la présidence de France Télévisions… Vous suivez ? Ou vous vous interrogez aussi sur l'opacité voire la consanguinité de toutes ces nominations ?

Moi je pose naïvement la question des conditions de transparence qui ont présidé à cette nomination à la tête d'une entreprise audiovisuelle publique. L'appel à candidatures a-t-il été fait dans les règles ? Je serais curieux de savoir ce qu'en dirait le Conseil d'État, garant des décisions administratives, qu'elles concernent l'audiovisuel ou les appellations d'origine contrôlée de fromages… les vrais, pas ceux de la République.

Voilà en tout cas comment l'INA me fut inaccessible mais fut visiblement cessible à d'autres par relations.

– 12 –

J'AI RENDEZ-VOUS AVEC VOUS

« Pourquoi on ne vous voit plus à la télé ? » La question m'est encore posée quotidiennement dans la rue alors que je ne fais plus d'antenne depuis huit ans ! Déjà à partir de 2007, on m'interrogeait sur ma disparition brutale du petit écran au mois de janvier. Certains téléspectateurs étaient même convaincus que j'avais été placardisé au CSA pour m'empêcher de présenter mon émission du dimanche sur France 2 ! À l'époque, j'ai fini par être convaincant : « Je vais continuer à m'occuper de télé mais de loin. » Ma mission terminée, pendant un an, j'ai répondu que je n'avais pas le droit de revenir à l'antenne immédiatement après mon mandat au CSA. Ce que les personnes qui m'interrogeaient comprenaient apparemment. Mais aujourd'hui, je me rends compte que je ne sais pas quoi dire à ceux qui gentiment continuent de s'intéresser à mon sort… Et qui sont encore nombreux à être persuadés d'avoir suivi une de mes émissions très récemment !

Télé ou presse écrite ?

Croyez-moi ou non, je n'ai jamais rêvé de faire de la télé. Étudiant, je ne jurais que par la qualité des articles du *Monde* mais un long stage d'été dans un quotidien régional m'a éclairé sur le difficile parcours que j'aurais à faire pour y parvenir. Deux mois au bureau de *La Nouvelle République du Centre-Ouest* à Blois. La tournée des commissariats et gendarmeries du canton pour relever les accidents de la route et les raconter en trois phrases. C'est vrai, l'écriture des faits divers est la meilleure école de concision journalistique. Mais je péchais du côté de la qualité de mes photos.

« Envoyé spécial » au château de Chambord – vingt-cinq kilomètres avec ma R4 de fonction – pour « couvrir » une soirée de chasse à courre, je n'ai pas vraiment su me servir de l'appareil photo argentique que m'avait confié le rédacteur en chef. Le lendemain, catastrophe : aucun cliché n'était suffisamment exposé pour être publié. Alors, dans mon petit article, j'ai eu le culot d'écrire qu'aucune photo ne pouvait rendre la magnificence du spectacle auquel j'avais assisté. Le rédacteur en chef a trouvé la pirouette astucieuse et je me suis promis de mieux suivre les cours de photographie en deuxième année d'école de journalisme.

Mais à Strasbourg, la révélation est apparue face à la vieille caméra du studio installé dans une pièce de la villa rococo qui hébergeait le Centre universitaire d'enseignement du journalisme, rue Schiller.

Cet objet si impudique ne me faisait pas peur, à moi le garçon timide ! J'oubliais qu'il y avait potentiellement des gens me regardant de l'autre côté. Certes pendant mes premiers journaux, je parlais trop bas et surtout trop vite. J'accrochais sur certaines phrases et multipliais alors les « pardon », augmentant d'autant mon rythme de mitraillette.

Me souvenant des professionnels qui avaient évoqué « l'oralité » cachée en moi, j'ai découvert tout seul que pour bien se tenir face à un gros œil électronique, il faut devenir son propre téléspectateur. Au fur et à mesure des exercices en direct, mon cerveau a développé une étonnante faculté à ralentir mon débit de telle façon que je m'entendais dire mon texte avec un décalage d'une petite seconde. Le temps de me juger peut-être, et sûrement de rectifier mon attitude corporelle, d'éventuelles fautes de syntaxe ou carrément des erreurs dans l'énoncé des faits. Un peu comme lorsque vous avez le sentiment d'avoir déjà vécu une scène et savez une fraction de seconde avant ce qui va se passer ensuite. Les médecins disent que c'est dû à un état de fatigue. Donc pour bien se tenir face à une caméra, il faut avoir le cerveau un peu ramollo ! Pourtant, présenter un JT, c'est aussi mental que physique.

Pendant mes années de présentation du 13 heures, il m'a fallu apprendre à inverser totalement la montée de pression due à l'approche de l'heure fatidique. À 12 h 58, j'étais en surrégime et démarrais sur les chapeaux de roue comme un 110 mètres haies une épreuve qui s'apparentait plutôt à une course de demi-fond. Difficulté augmentée par le duo avec Carole Gaessler. À part le fait d'avoir grandi tous les deux en Moselle, nous n'avions pas grand-chose en commun au départ. Notre mission :

être plus modernes que Mourousi-Augry en nous répartissant les tâches sans a priori. Je ne parle pas que des voitures et elle que des couches à changer ! Outre qu'il est très difficile de partager un journal à deux (qui commence à parler ?), nous devons faire avec des entourages professionnels qui cherchent à nous monter l'un contre l'autre. Et ils y parviennent pendant plusieurs mois. Dans notre partition à deux voix, le moindre changement dû à l'actualité met les nerfs à rude épreuve.

Libération nous consacre un portrait en dernière page intitulé « Mariage blanc ». Ce qui me fera répondre que nous étions un couple tellement moderne que nous avions même une vie privée séparée. Il faut dire que certains téléspectateurs étaient convaincus que nous étions aussi un couple à la ville : lorsque Carole a eu son premier enfant, j'ai même reçu une lettre de félicitations d'une délicieuse mamie.

Anonymement, dans l'article de *Libé*, un de nos rédacteurs en chef évoque l'idée que je rêve d'être le pygmalion de Carole. Qu'il sache bien au passage que je sais aussi démasquer les Tartuffe.

Bref, tout est compliqué et, après une saison tendue, nous déjeunons en tête à tête, Carole et moi. Je lui rappelle l'histoire du scorpion qui doit traverser une rivière sur le dos d'une grenouille : si tu me piques, dit le batracien, on coule tous les deux… en me gardant bien de préciser qui est le scorpion dans l'histoire. Notre deuxième année d'union sera très agréable et nos résultats d'audience plus que corrects. Mais ça n'empêchera pas la direction de nous séparer, sans un mot d'explication en notre présence. Personne n'a eu le courage de nous réunir pour nous annoncer qu'on nous divorçait !

Mais c'est aussi ça, la télé : une grande famille où les gens sont obligés de vivre ensemble sans nécessairement s'aimer. Pourtant, de Carole, je garde une excellente image professionnelle et quand nous nous croisons nous n'évoquons que les bons souvenirs.

Jean-Pierre Pernaut nous a dit après notre départ que nous étions la seule formule qu'il avait crainte pour le concurrencer. Le plus joli compliment fut signé d'un autre présentateur de TF1 : PPDA nous fit une petite bafouille bien écrite pour nous consoler. Félicités par la concurrence et « remerciés » par notre maison !

Avec ou sans Carole, j'ai très longtemps été dans l'incapacité de visionner les journaux que je présentais, mais je regardais attentivement comment mes rares « idoles », ou plus précisément mes rares exemples, se comportaient à l'heure H.

Sans hésitation, mon modèle fut Bernard Rapp : précis et décontracté, sérieux et drôle. Un modèle, même dans sa gestion de carrière. Ayant senti qu'on allait le débarquer du 20 heures, il a eu l'intelligence d'inventer un concept que lui seul pouvait créer et incarner : « L'Assiette anglaise », ou l'art d'accommoder les restes de l'actualité tous les samedis. J'étais un des pourvoyeurs de l'émission en scènes cocasses que personne n'aurait osé inclure dans un reportage du JT.

Tu me manques, mon cher Bernard. Toi à qui je faisais confiance au point de t'acheter une voiture d'occasion dans le parking d'Antenne 2 en trois minutes. C'était une magnifique Renault 11 TXE que nous aimions tellement tous les deux qu'un jour tu m'as demandé de te la « rendre », parce qu'elle te manquait trop ! *British sense of humour...*

Tu m'as légué une distance toute britannique avec ce métier et j'ai été bouleversé à la projection de ton premier film comme cinéaste. Quel talent, que de promesses pour une nouvelle carrière ! Pourquoi a-t-il fallu que tu partes sans prévenir, en nous laissant pour testament une œuvre cinématographique inachevée ?

Pour autant, la télé n'est pas du cinéma. Même si j'ai toujours adoré interviewer les artistes et en particulier les acteurs – parce que je suis sensible à leurs fêlures –, je ne me suis jamais pris pour l'un d'entre eux. Deux apparitions sur une scène de théâtre m'en ont définitivement convaincu. Dirigés par l'adorable mais colérique Francis Perrin, des animateurs de France 2, autour du délicieux Olivier Minne, ont campé les personnages de deux pièces de Feydeau pour les besoins de l'antenne. Deux spectacles diffusés avec grand succès après des mois de répétitions laborieuses pour certains, lumineuses pour d'autres comme David Martin – le fils de Jacques –, qui en a fait depuis son métier. Pour ma part, dans le premier de mes rôles, je prononçais exactement quatre phrases et dans le dernier je devais sublimer le muet avant Dujardin dans *The Artist* !

Malgré des costumes splendides dans les deux cas, la femme de ma vie a su me remettre à ma place au sortir de la première représentation en me disant simplement : « Tu es un remarquable... journaliste » ! L'amour n'est pas forcément aveugle, donc.

Dans ma « filmographie », un seul rôle dans un court-métrage satirique sur les cérémonies de remise de prix à la télé : *Le Maître de cérémonie*, de Farid Debah. C'était presque facile, parce que j'incarnais un présentateur télé. Je dis presque car ma seconde et donc dernière participation au septième art s'est soldée par une scène coupée au montage.

Dans *Hors jeu*, de Karim Dridi, avec Clotilde Courau et Rossy de Palma entre autres, je dirigeais une équipe de reportage mais ma voix off commençait quand le générique de fin apparaissait. Quelques années plus tôt, allant interviewer Guy Marchand sur un tournage de Claude Zidi, j'avais cru faire de la figuration intelligente mais le réalisateur n'avait visiblement besoin que d'images de mon caméraman et du preneur de son. Zappé, l'acteur en herbe.

Plus dure fut l'expérience tentée par la jeune cinéaste Dominique Cabrera pour son premier long métrage, *De l'autre côté de la mer*. L'histoire d'un jeune ophtalmo d'origine algérienne redonnant la vue à un vieux rapatrié interprété par Guy Bedos. Une belle parabole imaginée par cette réalisatrice, elle-même rapatriée d'Algérie. Son producteur Didier Haudepin m'avait repéré au JT et l'avait convaincue de mon « potentiel »...

Les essais furent catastrophiques, même si je me voyais bien essayer de donner la réplique à Bedos avec qui j'entretenais une relation intellectuelle délicieusement fraternelle. La réalisatrice me fit lire le scénario puis joua elle-même ma sparring-partner dans un bureau de la production.

Catastrophique, vous dis-je. Le coup de grâce : Bedos ne s'entend pas avec elle et elle choisit Claude Brasseur !

Je renonce devant l'idée d'affronter un tel acteur et elle, de son côté, renonce à l'idée de faire de moi un comédien. Roschdy Zem prendra « ma » place et sera longtemps persuadé que le rôle avait été inspiré par mon personnage dans la vie !

Un dernier metteur en scène tentera l'impossible. Nadir Moknèche pour un film se passant dans un harem moderne et dont j'ai oublié le titre. Après lecture du script, j'ai choisi de rester prude.

Prude et évasif aussi pour le rôle de dresseur de singes intelligents dans un sketch enregistré au Festival du rire de Montréal. Erreur de jeunesse. En espérant que la vidéo a disparu...

À l'écran, il faut être vrai, mais pas trop

À la télé, on ne joue pas un rôle. Tout au plus peut-on, avec l'expérience, avoir une façon de parler qui sans être naturelle se rapproche le plus possible du personnage que l'on est dans la vie. Et encore, avec prudence… À deux reprises dans ma carrière, j'ai cédé à mes émotions de façon visible et laissé paraître une fragilité ou une spontanéité qui m'ont valu des critiques.

Novembre 1998, je suis en direct dans le département de l'Aude inondé. Les pieds dans l'eau, je me dirige vers une dame devant sa maison submergée. En l'interrogeant, je me rends compte qu'elle tremble de froid et lui pose naturellement la main sur l'épaule pour la réconforter un instant. Tollé à mon retour à la rédaction : « Tu veux faire pleurer dans les chaumières ? » Je suis convié à m'expliquer dès le lendemain dans l'émission « L'Hebdo du médiateur ». Émission qui réussissait à créer un lien entre public et journalistes, émission que la direction supprimera, d'ailleurs, parce que la rédaction s'y sentait mise en cause. Heureusement, les téléspectateurs invités en face de moi me donnent raison pour ce petit geste d'humanité et je suis acquitté.

Quant à la première fois que j'ai « craqué » devant la réalité, c'était à l'occasion de la seule grande catastrophe que j'ai été amené à couvrir sur le terrain.

Septembre 1985 : 10 000 morts dans un séisme à Mexico. Toute une nuit, avec mon équipe, nous assistons au sauvetage d'un nouveau-né coincé sous les décombres. Au matin, le bébé est extrait vivant de sa prison de gravats. Je pleure devant cette renaissance miraculeuse. Dans mon reportage enregistré avant d'être envoyé à Paris, j'essaie de masquer mon émotion sans la cacher complètement, par honnêteté. Le rédacteur en chef me reprochera d'avoir été trop « tendre ». J'assume, mais sa leçon porte.

Pour ce baptême du feu, je verrai ensuite des cadavres que la pelleteuse extrait au milieu des immeubles effondrés. Je choisis de ne pas montrer les images et les évoque avec un ton que je trouverai « trop clinique » à mon retour. Un retour effroyable. À peine installé dans l'avion, je sombre dans un cauchemar qui durera quinze jours. Par la suite, j'éviterai soigneusement d'être envoyé sur des événements trop violents. Mais de Mexico comme de l'Aude, je ne reviendrai pas indemne. Les excellents reporters de guerre croisés sur mon chemin m'avaient prévenu : on ne quitte pas facilement un théâtre de catastrophe et, quand on a peur, on perd son regard de journaliste et l'on devient vite une cible.

Par deux fois seulement, j'ai eu à garder mon sang-froid face à des armes. En Somalie, où un tireur isolé a fait feu sur le groupe de journalistes dont je faisais partie. Couché à terre par réflexe. J'en ai ri le soir-même en me disant que mourir ne tenait pas à grand-chose.

En Nouvelle-Calédonie, sur l'île d'Ouvéa fin 1988, nous attendons le retour de quelques Kanaks amnistiés après l'affaire de la grotte où des gendarmes avaient été pris en otages par des indépendantistes. L'assaut donné pour les libérer par les militaires avait fait dix-neuf morts côté Kanaks, et deux parmi les gendarmes. Et il a provoqué une forte polémique sur les conditions de l'attaque et de la riposte à quelques jours d'élections législatives en métropole.

Avec un petit groupe de reporters, nous essayons de rencontrer un indépendantiste qui, malgré l'amnistie, a installé un barrage sur une route de l'île. De loin, je le reconnais pour l'avoir rencontré quelques années auparavant dans la mouvance du FLNKS, le mouvement indépendantiste. Lui refuse la paix signée par les deux camps avec les accords de Matignon.

Il me fait signe d'avancer seul. Plus je m'approche et plus son arme me paraît… rouillée. Quand il baisse le canon, je me dis que ce serait bête de mourir du tétanos !

Quelques mois plus tard, j'apprendrai que c'est lui, Djubelly Wéa, qui a assassiné les leaders indépendantistes Jean-Marie Tjibaou et Yeiwéné Yeiwéné, leur reprochant d'avoir accepté la paix après les drames du pays. Ce jour-là, en vacances à l'étranger, je suis resté assis sur le trottoir du kiosque où je venais de découvrir la une du *Monde* annonçant la nouvelle. En état de sidération pendant quelques heures, parce que je connaissais bien les victimes. Je n'ai pu m'empêcher de penser que s'il m'avait légèrement blessé avec sa vieille pétoire, il aurait sans doute été arrêté avant de commettre l'irréparable double assassinat.

Cette bifurcation par ma vie de grand reporter pour dire qu'un journaliste présentateur n'est pas forcément un acteur, même raté. Et que la nouvelle génération pèche peut-être par manque d'expérience du terrain. Trop de jeunes « starlettes » ne connaissent que la climatisation des studios et n'ont jamais mis les pieds sur le théâtre de la réalité qu'elles décrivent pourtant quotidiennement. De mon passage rapide chez les « baroudeurs » du journalisme, j'ai retenu la tristesse des lieux de drames que l'on quitte en laissant des humains pour qui la souffrance continue après le départ des équipes de reportage. C'est peut-être la raison pour laquelle j'essayais de rester humble quand j'en parlais sur un plateau loin des envoyés spéciaux.

Tendre le micro à la voix de la rue

La télé n'est pas le ciné, mais ma technique personnelle de relation avec le public s'est malgré tout affinée grâce au cinéma ou plutôt à sa technologie : le fameux steadicam mis en valeur par Lelouch dans la célèbre scène virevoltante d'*Un homme, une femme,* sur la plage de Deauville. Cet appareil – une caméra installée au bout d'un bras souple qui évite tous les mouvements saccadés – n'était pas alors utilisé à la télévision. Pour créer « J'ai rendez-vous avec vous », la production m'accordant peu de moyens techniques, nous avons utilisé le steadicam, qui remplaçait plusieurs caméras.

Un de mes réalisateurs – Emmanuel Maquaire – m'a demandé si j'accepterais d'être parfois filmé de dos ou de trois quarts ! Même si je n'aime pas plus mon profil droit que le gauche, j'ai tenté l'expérience. Et voilà comment j'ai cessé d'être un homme tronc et comment les téléspectateurs m'ont découvert sous toutes les coutures, filmé en direct dans la rue, sur les marchés, au bistrot... Dans la vraie vie.

C'est peut-être à ce moment-là que j'ai acquis une dimension de présentateur proche. En tout cas, je suis persuadé d'y avoir gagné en naturel, en crédibilité. Et certainement en aisance dans l'exercice du direct. La spontanéité à l'antenne ne s'apprend pas et s'improvise encore moins. Mais l'improvisation se travaille.

C'est ainsi que j'ai appris à parler sans prompteur, que j'appelais le « trompeur » parce qu'il donne l'impression aux gens qu'on leur parle dans les yeux alors qu'on lit le texte dans l'objectif. Ma relation avec le téléspectateur s'est créée avec l'entraînement hebdomadaire dans les rues, et cet éternel questionnement : suis-je clair, compris, équilibré, digne de confiance ?

L'expérience de démocratie directe qu'était « RDV », comme nous disions entre nous, est née sur les routes du Tour de France cycliste que j'ai suivi pendant trois ans.

À chaque étape, je présentais une partie du journal près du public venu voir les coureurs, public qui pouvait me dire mes quatre vérités immédiatement après le direct si je n'avais pas respecté les règles que je viens d'édicter.

« La Grande Boucle », comme l'on dit, est un spectacle télévisuel unique. Des paysages grandioses vus d'hélicoptère, des villages pavoisés, des foules bigarrées et des coureurs dont sincèrement j'ai eu du mal à comprendre la motivation. D'ailleurs en pleine affaire de dopage, la page Tour de France de mon journal évoquait plus les routes de France que le tour de force qui consiste à pédaler par trente degrés à l'ombre. Ce n'était pas de l'autocensure puisque le scandale Festina était abondamment à la une des infos. Mais, loin des studios, j'étais avant tout fasciné par ces gens attendant des heures pour voir passer dix secondes des cyclistes difficiles à reconnaître hormis le maillot jaune.

La première fois que sur une route de Lorraine j'ai vu passer le Tour, je n'ai pas eu le temps de voir Anquetil et j'étais frustré ! Frustré comme, selon moi, les téléspectateurs à qui l'on donne des images mais pas le son. Le plus fascinant, à l'intérieur du peloton, c'est le bruit des roues sur l'asphalte et les cris du public. Eurêka, je comprends que le Tour est un spectacle visuel mais pas encore audio.

Il fallait donner la parole au public et, dans l'optique d'une prochaine édition, j'ai proposé au réalisateur du 13 heures, Jean-Marc L'Hénoret, de trouver les moyens techniques d'aller dans la foule recueillir l'avis des anonymes en direct. Une gageure que nous n'avons pas pu mettre au point puisque j'étais débarqué du journal un mois après.

Mais qu'à cela ne tienne, de cette cogitation technologico-éditoriale allait naître à l'antenne, quelques semaines plus tard, cette émission hebdomadaire atypique qui consistait à donner la parole à ceux qui habituellement étaient muets face à l'actualité. J'avais enfin trouvé le moyen de réaliser mon fantasme : rencontrer la fameuse opinion de la rue et lui donner la parole.

« J'ai rendez-vous… avec vous »

L'opinion publique, cet étrange concept qui n'existe que parce que des individus solitaires pensent quelque chose qui n'a de sens que si les autres ont un avis contraire !

Ma petite bande de copains, mêlant journalistes et techniciens travaillant habituellement chacun de son côté, était née. Ensemble, nous avons sillonné la France pendant sept ans, mettant la technologie au service des téléspectateurs qui voulaient bien prendre la parole face à des contradicteurs au milieu desquels je n'étais qu'un modérateur attentif à tout dérapage éventuel. En près de deux cents émissions en direct et à l'extérieur, il y a eu un seul débordement mais jamais de coupure d'antenne pour cause d'incident majeur. Lors de la première de l'émission, la production avait jugé nécessaire d'assurer un service d'ordre autour de moi ! Ridicule, je ne pouvais pas accéder aux passants. Sur les photos prises ce jour-là sur le marché de L'Isle-sur-la-Sorgue, on croit voir au loin un candidat à une élection n'arrivant pas à accéder aux étals, protégé que j'étais par deux gardes du corps…

Par la suite, chaque semaine en contact direct, et « sans filet » – expression que j'étais le seul à trouver drôle sur un marché –, nous évoquions l'actualité dans un lieu différent de la France dite profonde.

Sur le fond, mon obsession était de ne pas faire le café du commerce, même si la devise de l'émission était empruntée à Balzac : « Le zinc d'un café, c'est le parlement du peuple. »

Sur la forme, les premières éditions furent catastrophiques techniquement. Mes Géo Trouvetou de la télé avaient imaginé des caméras sans fil un peu bricolées à partir de modèles existant dans le commerce pour filmer les vacances de monsieur Hulot version XXIe siècle.

L'émission durait une heure un dimanche par mois à midi, après la messe et dans le créneau qu'occupait Jacques Martin dans mon adolescence. Le programme a failli être arrêté très vite car des syndicats de France 2 trouvaient que nous prenions trop de risques techniques à utiliser du matériel jugé trop amateur ou trop avancé ! C'est ainsi qu'à Annecy, pendant les répétitions de l'émission, les sacs à dos bricolés et portés par des cadreurs pour faire du direct sans fil ont pris feu les uns après les autres, nécessitant l'intervention des sapeurs-pompiers.

Pour ma part, je savais que j'étais « protégé » des explosions internes à France 2 parce que le directeur de l'époque, Pierre-Henri Arnstam, me « couvrait », m'ayant nommé au 13 heures puis retiré deux ans après sur injonction de sa supérieure d'alors, Michèle Cotta.

Ironie de la petite histoire, la veille de la première de « RDV » en octobre 2000, nous avons fêté avec mes baroudeurs mon 7 d'or de meilleur présentateur de JT dans une ferme-auberge du côté du Vaucluse. Loin des scènes parisiennes où se célébraient ces cérémonies entre stars de l'écran. Et ça n'a vraiment pas été triste !

Un an plus tard, un nouveau patron de l'info fait passer l'émission à un rythme hebdomadaire mais en change l'horaire et la durée.

Olivier Mazerolles, que je ne connais pas, vient de RTL et m'avoue qu'il aime bien le ton de l'émission… Je n'ai plus droit qu'à vingt minutes mais je passe désormais tous les dimanches entre le journal et Michel Drucker. Le parrain de la télé est d'abord inquiet qu'une émission en direct puisse déborder sur son « Vivement dimanche » enregistré. Mais sa femme Dany Saval devient, me dit-il, ma première fan et nous allons coexister puis nous apprécier. Et pourtant combien de professionnels de la profession ont prédit ma chute après avoir critiqué sans succès le fond de l'émission. Quoi, des amateurs qui jugent l'actualité ? Seul défaut : émission trop courte pour de vrais débats. Pendant sept ans, je vais quémander quelques minutes de plus à des directions qui changent régulièrement de nom mais pas d'avis.

Ou plutôt si : le 17 janvier 2007, j'apprends par le chef de chaîne – un chef de gare qui gère les horaires des émissions – que j'ai obtenu six minutes de plus. Manque de chance encore : une semaine après je suis nommé au CSA...

Un véritable road movie

Ma plus grande fierté : avoir donné la parole à plusieurs milliers de citoyens-téléspectateurs sélectionnés dans un grand fichier que nous avions créé – après accord de la Commission Informatique et libertés, je vous rassure.

Principe simple : je donnais à l'antenne un numéro de téléphone sur lequel on nous laissait des messages de réaction aux sujets traités. Tous étaient rappelés dès le lundi par mon assistante, qui notait les centres d'intérêt des candidats à un futur passage à l'antenne. Ensuite, nous reprenions contact avec eux en fonction des thèmes que j'avais retenus avec ma toute petite équipe pour la semaine, et surtout en fonction de leur lieu de résidence pour les inviter quand nous serions proches de chez eux. Rendez-vous était ensuite pris le dimanche matin et pendant que je repérais mes déplacements, une des membres de l'équipe, Caroline Vergnet, mettait les invités en confiance.

Je ne les rencontrais qu'une heure avant l'émission, pour garder de la fraîcheur et de la spontanéité. Comme j'adore interroger mes semblables, le reste était aussi naturel que bien préparé. Souvent, une grande tablée mêlant « invités » et gens de télé faisait office de happening entre les participants juste après le générique de fin.

C'est parfois après l'émission que j'en apprenais le plus sur les ressentiments profonds de mes concitoyens ! Ça me servait plus tard et chaque dimanche l'impression de toucher un morceau de réalité française me donnait l'envie de recommencer.

Malgré les affres hebdomadaires sur le choix du lieu, les repérages du mercredi et l'installation technique du samedi qui donnaient à ma troupe des allures de road movie. Une formidable expérience humaine.

Le meilleur souvenir : la préparation du référendum sur le traité européen de 2005. Nous avions expédié le texte à des dizaines de bons « clients », comme on dit à la télé. Et ils l'ont lu ! Et commenté. Trois mois avant le scrutin, je savais que le « non » l'emporterait. J'aurais pu en prévenir les instituts de sondages et les responsables politiques. Ils auraient peut-être fait une campagne différente, tant les électeurs reprochaient ouvertement aux media de militer tous pour le « oui » !

Il y a longtemps que l'on ne croit plus, je l'espère, que la presse fait l'opinion. Pour ceux qui en doutaient encore, à l'époque, la majorité silencieuse se préparait à l'un des plus jolis camouflets de la Ve république infligés à ceux d'en haut. Moi-même, l'ancien journaliste politique, j'ai failli être influencé par la voix du peuple ! Le jour du vote, j'ai hésité en glissant mon bulletin dans l'urne mais je n'ai pas suivi pour autant la majorité de mes chers téléspectateurs-concitoyens qui avaient pourtant de très bons arguments. Certes, ils m'ont aidé à réduire la fracture sociale de leur côté mais loin d'eux aujourd'hui, je vois bien que le fossé se creuse. L'occasion de vous confier un dernier souvenir « politique ».

Lors d'une cérémonie de vœux à l'Élysée, Jacques Chirac, dont j'ai déjà dit qu'il lui arrivait de regarder l'émission, m'interpelle gentiment : « Dimanche, ils ont un peu exagéré sur moi, vos invités ! » Pour une fois j'ai eu de la présence d'esprit : « Mais ce sont vos électeurs, monsieur le Président. »

Mes télés buissonnières

Pendant ces années de liberté télévisuelle, j'ai présenté d'autres ovnis en m'essayant aux émissions de variétés. La productrice Dominique Cantien, qui avait révélé des animateurs comme Christophe Dechavanne, était persuadée que je pouvais passer du journalisme à l'animation d'un plateau d'artistes.

2003 : année de l'Algérie en France. Des manifestations en tout genre dans l'Hexagone et le projet d'une émission intitulée « D'une rive à l'autre », un programme de divertissement mêlant chansons et reportages plus de quarante ans après la fin de la guerre. Audacieux mais tentant.

Entre Enrico Macias qui pleure toujours Constantine et Idir, le chantre de la Kabylie, l'émission est un succès, malgré les difficultés diplomatiques à gérer. Très bonne audience. La productrice réussit à décrocher une série de soirées « dans la lumière ». Je me retrouve dans un monde qui n'est pas le mien : public, applaudissements, caprices de stars. Mais j'apprends, et y trouve presque du plaisir. Pour la première, on m'adjoint la présentatrice Ness. Résultat moyen. Avec Sarah Lelouch comme coanimatrice pour la seconde émission – donc la dernière –, c'est encore un peu brouillon et l'expérience prend fin sans trop de regrets de ma part.

Dans ces années-là, je m'essaierai à d'autres genres en présentant une matinale économique sur France 5 pendant une saison. C'était plus dans mes cordes, à l'image de l'émission politique sur France Ô que j'animais au moment où l'on me nomma au CSA.

Par deux fois dans ma carrière précédente, des possibilités de passer du côté de la direction d'une chaîne m'ont été offertes. Tout d'abord en participant, comme rédacteur en chef, à l'expérience de Télé Emploi en 1994, préfiguration de ce qu'allait devenir la Cinquième puis France 5. Certainement la meilleure des chaînes aujourd'hui, grâce au travail acharné de mon « jumeau de télé », Philippe Vilamitjana, qui a su miser sur l'intelligence du téléspectateur.

Une expérience de quelques mois pour découvrir la façon de faire fonctionner une chaîne de télé, mais je n'avais pas la fibre d'un patron de programmes. Ni d'un dirigeant de l'info, ce qui m'avait fait refuser quelques années plus tôt de rejoindre Arte qui lançait son journal du soir.

Pas de regrets ou plutôt si : deux déceptions. J'avais déposé un projet d'émission sur *La Marseillaise*. Un jeu qui aurait mis en concurrence les collèges de France pour réécrire certaines paroles de l'hymne national. Idée qui m'était venue après un sinistre match de foot France-Algérie…

Marseillaise sifflée, terrain envahi, rencontre interrompue. Les prémices d'une confrontation qui s'annonce toujours aussi mal entre Français de « souche » et enfants d'immigrés. Français de « branche », comme me l'a soufflé un médecin de même origine que moi. Le producteur était enthousiaste. Pas la chaîne.

Le projet reste à réaliser, même si Gainsbourg n'est plus là pour le sublimer. De nombreux artistes comme Yannick Noah étaient partants et même l'Éducation nationale était tentée. Mais la télé et l'éducation ne font pas bon ménage.

*
* *

Le dernier regret : ne pas avoir pu réaliser mon seul rêve inabouti : refaire « La Marche du siècle ». Son présentateur, Jean-Marie Cavada, fut mon tout premier patron à FR3.

Rigueur et distance, il m'a beaucoup appris et me conseilla même de tenter l'aventure qu'il a réussie : passer à l'action politique. Franchement, j'ai eu envie de me présenter à un mandat local pendant quelque temps. Trop tard ? Je ne sais pas.

Pour l'instant, voilà, madame, pourquoi votre fille est muette et pourquoi on ne me voit plus à la télé…

– 13 –

COMPLÉMENT D'ENQUÊTE

Dans une chambre d'hôpital, attendant de descendre au bloc opératoire, je tue le temps en regardant la télé. Ce jour-là, le deuxième gouvernement de Manuel Valls devrait être connu. Les chaînes d'info ont mis en place le dispositif désormais classique de direct devant les lieux de pouvoir pour tenter de faire vivre ce moment particulier où tout se passe en coulisses. C'est le défilé des journalistes plantés devant des grilles fermées et qui n'osent plus répondre aux présentateurs qu'il ne se passe rien. Alors, on élucubre.

De fait, l'annonce de la nouvelle équipe gouvernementale est prévue pour 15 heures mais les chaînes d'info sont en « édition spéciale » depuis le milieu de matinée déjà. Pas un peu trop tôt, non ? Après une heure de zapping entre les principales chaînes d'info en continu, je dois reconnaître que l'effet anesthésiant commence à agir sur mon cerveau. Qui sera encore ministre, qui ne le sera plus ? Personne n'en sait rien mais l'exercice consiste à faire vivre le suspense : Mme Taubira restera-t-elle alors qu'elle soutient M. Montebourg ? Et patati et patata.

Et les éditorialistes convoqués en conclave non-stop de ne pas rappeler que déjà quelques mois auparavant, lors de la formation du précédent gouvernement, ils s'étaient trompés en annonçant que la ministre de la Justice ne devait pas garder son poste… La mémoire est devenue l'ennemie de l'info permanente. Peu importe qu'une rumeur ou une hypothèse soient infondées puisque quelques minutes plus tard le téléspectateur est censé les avoir oubliées !

Hasard de l'actualité, ce matin-là, le chef de l'État est sur l'île de Sein pour commémorer les résistants partis de là afin de libérer la France. Pas de chance, il pleut et François Hollande est dans la tempête. L'image est trop tentante pour les commentateurs en plateau qui glosent sur le fait de savoir si le président a eu raison de maintenir son déplacement et de se montrer ainsi dégoulinant de pluie. Les envoyés spéciaux – qui découvrent qu'il pleut parfois sur les îles bretonnes – espèrent un mot de François Hollande sur ce qui se passe à Paris. C'est sûr, il doit être très tenté de se ruer sur les micros pour commenter ce qu'il n'a pas encore ni tranché ni annoncé !

Exercice délicat pour lui. S'il répond, plus de cérémonie souvenir, s'il se tait… on parle pour lui.

Surréaliste, les chaînes choisissent un extrait de discours dans lequel Hollande évoque ceux qui ont résisté : « Le message de l'île de Sein, c'est qu'il n'y a pas de péril que nous ne puissions surmonter dès lors que la volonté existe… »

« Est-ce une allusion à la situation d'aujourd'hui ? », tente un commentateur patenté… mais presque ! Petit clin d'œil à Coluche qui glosait sur les journalistes informés de source sûre.

Sérieusement, comment comprendre qu'il n'y ait pratiquement pas eu un mot ce jour-là des Sénans qui avaient choisi de rejoindre le général de Gaulle en 1940 ? Quand je vous dis que la mémoire n'est plus ce qu'elle était ! Au passage, puis-je souligner que pendant toutes ces heures d'info par intraveineuse, aucune autre information n'a été développée ni même évoquée ? À part la météo, bien sûr, car il ne pleuvait pas qu'en Bretagne ce jour-là.

Le tranquillisant que l'on m'a administré par voie orale est presque moins efficace que la potion que m'infligent les urgentistes de BFM et I>Télé ! LCI semble à part, plus sérieuse, moins sensationnaliste peut-être. Dommage qu'elle disparaisse. Ayant encore un peu de mémoire, je pense à Jean-Pierre Chevènement qui disait qu'un ministre ça ferme sa gueule ou ça démissionne. Et un journaliste, ça peut se taire quand il n'a rien à dire ?

Chevènement… dont je me souviens soudain qu'il fut victime d'un accident rare dû au curare utilisé par des anesthésistes de profession. Étrange pensée au moment où le brancardier vient enfin me chercher et débrancher ma perfusion audiovisuelle pour me remettre entre les mains de l'anesthésiste diplômé de la faculté. Il était temps car je venais de m'auto-diagnostiquer un début d'intoxication, pire : une rumeur de cerveau !

Quand l'info non-stop mène à l'amnésie

Ce délire de l'« info » non-stop est un grave danger pour la santé mentale des journalistes et des téléspectateurs. Faudra-t-il prévenir les malades que certaines chaînes sont à consommer avec modération ? Car c'est l'argument des responsables de ces programmes : nous

nous répétons parce que nous sommes faits pour être regardés quinze minutes maximum. Malin le raisonnement. Que font ceux qui regardent plus longtemps ?

Quelques heures plus tard, de retour dans ma chambre d'hôpital, je suis encore un peu sous l'effet des drogues anesthésiantes. Inconsciemment, je veux connaître la fin du feuilleton que le chirurgien a brutalement interrompu d'un coup de bistouri. Mais le metteur en scène de la comédie du pouvoir médiatico-politique a déjà oublié tous les épisodes du matin même. Les journalistes de la matinée ont enfin débranché leur oreillette et passé le micro à l'équipe du soir. Et c'est reparti.

À l'antenne, j'ai l'impression de voir des hamsters dans leur roue : ils dépensent de l'énergie pour ne pas avancer alors qu'ils pourraient en produire suffisamment pour éclairer plusieurs hôpitaux... Après les effets de l'anesthésie, je découvre que l'information en overdose provoque de l'amnésie.

Comment peut-on comprendre l'actualité si l'on n'en ralentit pas de temps en temps le rythme ? Comment l'info peut-elle garder une dimension compréhensible si nous n'avons plus le temps de respirer et de réfléchir ? Le zapping infernal qui nous est proposé en matière de « news » a comme conséquence de mettre tous les événements au même niveau, et de maintenir l'auditeur en apnée s'il ne sait plus où se trouve sa télécommande. C'est un peu mon cas, sur mon lit d'hôpital ; sous perfusion médicale, je suis « intubé » à l'écran jusqu'au moment où l'infirmière peut me ramasser la « zappette » tombée au sol. Stop, laissez-moi respirer !

Jeune journaliste, je luttais contre la formule qu'utilisaient mes confrères, « un clou chasse l'autre », pour signifier que nous avions trop tendance à oublier un drame au profit de la catastrophe suivante. Aujourd'hui, la technologie permettant d'être en direct de n'importe où fait que le marteau n'a même plus le temps d'enfoncer le clou.

L'information brute n'existe plus

Internet nous a fait entrer dans l'ère de la dématérialisation et entraîne l'information dans ce tourbillon vertigineux. La presse écrite a été la première à subir ce choc technologique qui menace désormais l'audiovisuel. La disparition progressive du papier est souvent présentée comme une évolution inéluctable dont les conséquences restent à mesurer.

Appliquée à la télé ou à la radio, cette dématérialisation de l'information signifie avant tout que désormais la production de nouvelles se fait à flux tendu sans jamais s'arrêter et sans qu'on puisse prendre le temps de rendre concrète et palpable la notion même d'objet que devrait rester l'info. Aujourd'hui, elle est devenue un sujet en soi, mais aussi un sujet de controverses ou d'études. L'immatérialité de l'information en a fait de la pure communication sans que l'on sache qui la crée. Les journalistes ou les politiques ? Ou encore le show business ou le monde de l'entreprise ? Ou les anonymes ?

Dans les années 1980, la frontière entre information et communication s'effritait déjà. Jusqu'alors, la « com » était réservée à ceux qui avaient quelque chose à vendre, un produit. Première évolution à l'époque, le monde de l'entreprise ferme de plus en plus ses portes à la presse, surtout pendant les conflits sociaux. Comme en politique, les communicants ont pris le pouvoir.

Ayant couvert, ces années-là, de nombreux conflits dans l'automobile – Talbot à Poissy, Renault à Flins, Peugeot à Aulnay –, j'ai dû faire mon travail devant des grilles hermétiquement closes avec de rares communiqués des directions. Impossible de bien travailler dans ces conditions.

Deuxième choc, dans les années 1990, j'ai vu arriver à la télévision la génération des animateurs façon Delarue qui tentaient de décrocher une carte de presse pour présenter des émissions testimoniales ou des débats sociétaux et qui peu à peu ont pris la place des journalistes de formation. L'information pure et dure avait laissé s'ouvrir une brèche permettant de faire de l'audience autour de thématiques reprenant les codes de l'actualité. Le people est dans le cheval de Troie. Un goût d'info Canada dry.

Années 2000 : l'info est une marchandise à vendre. À vendre et donc à produire à grande échelle sans trop regarder les conditions de fabrication tayloristes. Pour satisfaire ou créer la demande, tout est info ; encore merci les people pour votre participation active à ce redressement productif qui a mobilisé votre presse spécialisée devenue un media comme un autre.

Années 2010, fini le leitmotiv « Les faits, les faits, les faits. » Place désormais à « Que faut-il en penser ? » La dématérialisation de l'info était en route depuis vingt ans, elle est aujourd'hui mise en scène.

La prochaine étape si l'on n'y prend garde : des JT avec un public qui applaudit. Ne souriez pas et voyez les émissions sportives qui se déroulent toutes avec des anonymes qui imitent les pingouins en frappant dans leurs mains. Même d'excellentes émissions comme « Le Supplément » de Canal+ se sentent obligées de faire « participer » l'assistance qui obéit bêtement à un chauffeur de salles. Le pire, c'est que désormais, avec les réseaux sociaux, les programmes sont « jugés » en direct par des anonymes libres de déverser des torrents de boue à distance.

Cette lente dérive avait commencé avec les journaux télévisés qui sondaient le consommateur à l'époque de La Cinq mode Berlusconi : Le président de la République a-t-il raison de changer de gouvernement ? Une catastrophe nucléaire peut-elle se produire chez nous ? Faut-il ouvrir les magasins le dimanche ? Et j'ajouterai : De quoi je me mêle et dans quel état j'erre ?

On m'a appris à essayer de séparer le fait du commentaire et je me suis évertué à garder mon opinion pour moi. Le chef du service politique que je fus très jeune détestait les éditos qu'on lui commandait parce qu'il avait vu faire ses aînés : un coup de fil à l'Élysée et un conseiller vous proposait les « éléments de langage » pour paraphraser la pensée présidentielle.

Le pire exercice pour moi : les petites phrases politiques du dimanche soir. Il fallait écouter en même temps « Le Club de la presse » d'Europe et « Le Grand Jury » de RTL et en sortir un extrait de quarante-cinq secondes. Tout chef que j'étais, il m'est souvent arrivé de décider qu'il n'y avait rien à reprendre, au grand dam des rédacteurs en chef qui devaient remplir leur journal.

Je me demande encore si ce n'est pas cette pratique de la petite phrase – assassine si possible – qui a entraîné la dérive politique que nous connaissons. L'immédiateté des media appliquée à la chose politique qui aurait tant besoin de temps et de recul. À l'époque, Jacques Pilhan – qui fut le conseiller en communication de Mitterrand puis de Chirac (!) – parlait du phénomène des orages médiatiques. Aujourd'hui, c'est tout le climat qui est détraqué.

Une des illustrations les plus visibles de cette dérive des « incontinents » de la parole me semble être le rôle des éditorialistes politiques qui hantent les chaînes d'info.

Palliant l'absence de grands débats entre élus hors période électorale, une trentaine de « signatures », toujours de la presse écrite, squattent les antennes pour un grand jeu de massacre : « Ça se dispute », « Duel », « Tirs croisés »… Autant de titres qui ont le mérite de la franchise ; un match de catch ou de tchatche ? Le premier est toujours truqué, le second arrangé par les duellistes ou plutôt les duettistes.

Figaro contre *Marianne*, *Nouvel Obs* contre *Valeurs actuelles*, Zemmour contre Domenach… (jusqu'à une période récente !).

Les éditorialistes ont pris la place des politiques sérieux qui rechignent à débattre en deux minutes chrono de tout et rien. Il faut dire qu'ils ont plus à perdre que les journalistes, lesquels peuvent très bien changer d'avis sans être accusés de retourner leur veste. Quelle est la légitimité de ces penseurs minute jamais mis à l'épreuve du pouvoir ? Pour provoquer leur réaction, j'oserai les comparer à ce que sont la plupart des critiques littéraires pour les écrivains : des eunuques, ils savent mais ne peuvent pas…

Tant que j'en suis à me fâcher avec d'anciens confrères qui aiment en découdre, je propose l'organisation d'un championnat de France des éditorialistes avec les meilleures attaques, les plus jolies saillies jugées en finale par un jury d'électeurs ne votant plus aux vrais scrutins politiques nationaux ! Le tout dans une émission présentée par Roselyne Bachelot qui a réussi le chemin inverse : de la politique à la télé. Titre proposé « Y en aura pour tout le monde ». Idée libre de droits.

La vraie victime : le public

La classe politique a sa responsabilité dans l'accélération du rythme de l'information, même si elle est la première à en souffrir.

Mais la vraie victime c'est le public lui-même : plus d'infos ne veut pas dire mieux d'infos. L'invention des « *news factories* » en est une illustration. En faisant visiter sa fabrique d'infos au conseiller que j'étais, le patron d'une chaîne semblait très fier d'avoir regroupé dans une grande salle des journalistes débutants attachés à leurs ordinateurs.

À ma question « Et ils travaillent quand sur le terrain ? », mon interlocuteur sembla interloqué. Oui, pour moi, il ne suffit pas de surfer sur quelques sites plus ou moins bien renseignés pour produire de l'information de qualité. Quand il regarde certains programmes en continu, l'ancien reporter de terrain que je reste ne peut s'empêcher de se demander à quel moment les envoyés spéciaux qu'il voit toujours rivés à leur trottoir s'informent véritablement et auprès de qui.

Exclusif : ils ne savent rien et sont informés via l'oreillette par leurs rédactions qui suivent les dépêches d'agence ! Juste une mise en scène de l'info. Ceux qui bravent le froid ou le chaud attachés à leur cordon ombilical technique sont moins au courant que leurs responsables en régie, un œil sur l'ordinateur et une oreille au téléphone.

Envoyé en Bretagne pour y vérifier une information produite par l'AFP il y a bien longtemps déjà, j'ai vécu une expérience fondatrice de ma méfiance dès le milieu des années 1980… L'agence France Presse avait écrit que le maire de Ploudalmézeau, commune du Finistère victime de la marée noire du *Torrey Canyon*, aurait utilisé l'argent des indemnités pour se faire construire un hôtel de ville en marbre !

Arrivé sur place, je constate qu'il y a surtout du granit breton et deux plaques intérieures imitation Carrare… Mon rédacteur en chef ne voulait pas me croire, il m'a relu la dépêche au téléphone. « Cherche bien, t'es sûr ? pas de marbre ? » Il était très déçu que la réalité ne rejoigne pas son souhait d'un reportage un peu saignant.

Mais cet exemple date du siècle dernier. Aujourd'hui, la vérification de l'information a cédé la place à l'info en ligne qui ne laisse aucun temps à ce que les journalistes américains appelaient le « *double check* ». La vérification se fait désormais a posteriori avec la mode du « *fast checking* » ; contrôle rapide, certes, mais après coup.

La dématérialisation de l'information que je décris – et décrie aussi – n'est pas irréversible. De même que je ne suis pas sûr que le papier disparaîtra comme l'annoncent les prophètes du XXIe siècle.

Rendre au journalisme ses lettres de noblesse

Ce qui peut ressembler à une charge d'un vieux grincheux contre les rédactions audiovisuelles est avant tout un cri d'alarme pour protéger un métier que je ne crois pas victime de la pensée unique mais de la pensée personnelle. Je me fiche de l'avis des journalistes mais comprends que les citoyens-téléspectateurs aient à juste titre envie que leurs points de vue soient pris en compte. Cependant, l'irruption des réseaux sociaux ne doit être qu'un complément du travail journalistique. Elle ne saurait le remplacer. En politique, on ne demande pas aux électeurs de fixer la ligne à suivre mais de se prononcer régulièrement pour éventuellement la sanctionner. On pourrait imaginer le même système pour l'info.

Depuis la Libération, les journalistes français ont une véritable mission sociale, un contrat de confiance non écrit avec les lecteurs puis les auditeurs et les téléspectateurs. Presque une délégation de service public, pour utiliser des grands mots. J'ai toujours trouvé étrange que son statut à part permette à la presse d'être le seul secteur à ne reconnaître aucun juge à son action.

La profession vit toujours sur le socle des lois sur la liberté de la presse remontant à 1881 ! Des textes votés par la IIIe République sur la base des principes de la Révolution de 1789 : « Tout citoyen peut parler, écrire et imprimer librement. » Des principes eux-mêmes inspirés des philosophes des Lumières : Voltaire, Beaumarchais…

Notre base de principe est d'autant plus solide qu'elle est ancienne, mais les évolutions technologiques ont-elles vraiment été prises en compte par le législateur ? Non. Les contreparties de responsabilité incombant aux journalistes sont-elles suffisamment adaptées à la révolution d'Internet ? Non plus.

En disant cela, j'imagine déjà la levée de boucliers des syndicats de journalistes m'accusant de vouloir attenter à leurs libertés fondamentales. Ma carrière prouve, me semble-t-il, que telle n'est pas mon intention et que j'ai souvent payé le prix fort pour défendre l'indépendance.

J'aspire simplement à un débat démocratique au moment où tout un chacun peut se déclarer journaliste, créer son blog et alimenter des réseaux devenus incontrôlables au nom de la liberté de dire n'importe quoi.

Voilà mon combat : rendre à mes confrères leurs lettres de noblesse et séparer les professionnels des amateurs. Je ne suis pas le seul à soulever la question. De nombreux journalistes appellent de leurs vœux une réforme de notre système. Certains prônent la création d'un Conseil de la presse comme il en existe au Canada ou en Belgique.

D'autres y voient la tentative de reprise en main d'un secteur qui ne devrait vivre que sur des grands principes historiques malgré des pratiques qui n'existaient pas à l'époque de la définition des lois sur la presse. Sans demander la création d'un ordre des journalistes comme en ont les avocats ou les médecins, j'aimerais que nous puissions réfléchir à une structure éventuellement élue par ses pairs pour intervenir en cas de dérapage.

La concurrence folle entre media, l'accélération du circuit de l'info et l'irruption d'un système mondial d'échange risquent d'aboutir bientôt à un bug planétaire comparable à une nouvelle forme de terrorisme. Il n'est pas inutile de rappeler ici que ce sont les extrémistes de tout bord qui utilisent le mieux la Toile. Quand des djihadistes postent des vidéos d'égorgement d'otages, nous crions tous d'horreur, mais même si les journaux de 20 heures prennent quelques précautions, ils évoquent tous ces images que tout un chacun peut aller voir sur Internet.

Arrêtons de nous voiler la face, plus personne ne maîtrise cet emballement et il faudra être courageux et rigoureux pour avoir une petite chance d'éviter le pire.

Pour ma part, je fais encore confiance aux journalistes et c'est pour cela que j'essaie de dénoncer les dérives de leur profession sans les accabler. En prenant sur moi ma propre part d'erreurs, je ne confonds pas responsabilité et culpabilité.

Heureusement, contrairement à ce que pensent les observateurs parisiens, les Français s'informent encore majoritairement par les media traditionnels. Les journaux de 20 heures continuent d'être suivis par plus de dix millions d'entre eux. 1 sur 6. Beaucoup plus si l'on rapporte le chiffre au nombre de personnes regardant la télé : près de la moitié de l'audience.

Se démarquer de l'info façon Internet

Le travail en profondeur fait par les grandes éditions d'information pour s'adapter à la menace d'Internet donnera-t-il des résultats ?

Une nouvelle approche plus salutaire de la hiérarchisation de l'info – plus de dossiers traités en profondeur – suffira-t-elle à sauver la crédibilité des JT ?

Les changements apportés par le leader TF1 sont visibles autour d'un présentateur issu du terrain, Gilles Bouleau, qui tente de reprendre la tradition des « *anchormen* » américains aux cheveux grisonnants à qui l'on a envie de faire confiance. Est-ce pour autant la fin de ceux que j'appelle les Ken et Barbie de l'info qui ont envahi les écrans ? Pas gagné, même si des produits nouveaux, type « Petit Journal », tentent de traquer les travers du journalisme. Exercice périlleux et intéressant mais qui s'attache trop aux seules questions de forme, au risque de participer à l'entreprise de démolition de la confiance des téléspectateurs largement entamée.

La difficulté de l'époque tient au fait que l'accélération du rythme de l'info ne favorise plus la prise de recul et que les repères manquent dans un métier où l'instantanéité fait office de mètre-étalon.

La temporalité de l'information est en voie de disparition. Une nouvelle existe sans souvenir et sans lien avec l'Histoire et la mémoire. Demain et même tout à l'heure importent peu. Seul compte l'instant où cette nouvelle semble vraie puisque tout le monde la traite en même temps. Ce qui permet de se réfugier derrière une irresponsabilité collective ou la faute à pas de chance si l'info du moment se révèle fausse. Seul juge de la « réalité » : le présent immédiat.

L'expérience, dit le dicton, est une lanterne qui éclaire derrière soi. Un conseil à donner malgré tout ? Oui : à chacun son job !

L'héritage que transmet ma génération n'est pas négatif. Mais nous avons laissé s'installer des dérives dangereuses à force de petits arrangements avec le quotidien.

Illustration avec les « experts » en tout genre qui ont envahi les écrans, et qui ne sont pas des journalistes. Un journaliste cherche à expliquer les faits à un téléspectateur, eux vendent leurs idées en en faisant des dogmes. Les plus nocifs pour moi : les spécialistes de l'économie.

Depuis l'apparition d'Alain Minc, on ne compte plus les économistes distingués qui trustent les antennes pour nous dire que la crise est finie ou qu'elle va recommencer. Qu'il faut réformer le pays, que les déficits publics, etc.

Écoutez-les bien, ils ne sont jamais d'accord entre eux mais leur parole est d'or. Ils s'évertuent à nous faire croire que l'économie est une science exacte et se chamaillent à longueur d'émissions pour prouver le contraire.

Le prix Nobel décerné en octobre 2014 à un économiste français inconnu du grand public et des media a donné lieu à un spectacle grand-guignolesque. Toutes les chaînes se sont ruées sur le nouvel oracle pour lui faire donner immédiatement un cours magistral d'une minute au gouvernement. Prudent au départ, le lauréat, Jean Tirole, se lâche au fil des interviews. C'est à se demander si la surmédiatisation des experts ne porte pas en elle la banalisation de leurs compétences. Et si les journalistes n'ont pas trop délégué leur pouvoir d'explication à quelques spécimens estampillés « bons à la télé »...

Pendant mon mandat au CSA, chaque fois que les journalistes s'emballaient sur un événement, multipliant les émissions spéciales peuplées d'« experts » comblant le vide entre deux infos, j'essayais d'expliquer à mes collègues collégiens que le principal problème des rédactions face à une actualité chaude était qu'elles se demandaient toujours si elles en faisaient assez. Jamais si ce n'était pas trop… L'effet d'entraînement par mimétisme reste la faiblesse de notre système informatif.

L'affaire du livre de Valérie Trierweiler en a été une nouvelle illustration : un grand hebdomadaire plein d'images qui distille le scoop, des chaînes en continu qui ouvrent le robinet, des 20 heures qui hésitent sur le traitement de l'affaire…

Celui de France 2 qui a choisi de ne pas en parler – en tout cas le premier jour – s'attirant de vives critiques imméritées, est obligé d'emboîter le pas le lendemain ! Avalanche d'émissions de débat qui surfent sur le cas pour se poser la question « Va-t-on trop loin ? » avec force politologues et éditorialistes…

Sans oublier les téléspectateurs qui plébiscitent ce déballage en accordant à un programme aussi sérieux que « C dans l'air » sa meilleure audience historique pour un numéro sur les « révélations » de l'ex-compagne du chef de l'État !

Je n'arrive pas à exonérer le public de sa « responsabilité », je devine les interrogations auxquelles sont confrontés mes anciens confrères, j'interroge la classe dirigeante sur sa part de culpabilité dans ce jeu de massacre.

Face à la dématérialisation de l'info, la presse écrite, première victime, a tenté de réagir en créant ses propres journaux en ligne, creusant ainsi sa tombe en vidant la substance de son produit quotidien par une fragmentation des nouvelles. Étrangement, il me semble que l'on a traité le mal par le mal en demandant aux rédacteurs écrits de tuer la nature même de leur spécificité : informer à un temps T. Pourquoi alors continuer de lire ces journaux si eux-mêmes semblent dépassés par leurs éditions en ligne ?

Plus grave, l'immatérialité de l'info crée une réalité passagère ressemblant au réel. Nous sommes collectivement victimes de la télé-réalité qui a présenté des faux-semblants comme la reproduction du vrai.

L'information « noble » a repris les codes de la télé-réalité : une élection au sein de la droite comme en novembre 2012 s'apparente à des épisodes d'un « Loft Story » de bas étage avec des inconnus célèbres le temps d'une petite phrase.

À l'époque, j'ai vécu l'affaire, non pas à l'hôpital mais au bout du monde, en mission à Nouméa. Décalage horaire aidant, je rentrais à l'hôtel pour allumer la télé en espérant avoir des infos de métropole : je me retrouvais aimanté à mon poste à observer ce spectacle d'un parti au bord de l'implosion, des seconds couteaux profitant des micros tendus en direct pour recueillir la dernière déclaration assassine des Nabilla de la politique.

Début d'explication dans la courageuse émission, le « Secret des sources » sur France Culture qui tente de décrypter les emballements et les impasses dans les choix journalistiques. Ce jour-là, débat sur la prééminence accordée au retour de Sarkozy sur les élections sénatoriales. Du palpable face aux conjectures. La journaliste Carine Bécard lâche le morceau : « Après les affaires Copé-UMP, je m'ennuyais. »

Tout est dit en une phrase. Cela me renvoie à l'époque où mes journalistes du service politique étaient au bord de la dépression après une élection. Je leur conseillais quelques jours de vacances. Désormais, il faut toujours créer un nouvel épisode du « Secret Story » de la République.

Le 26 août 2014, le nouveau gouvernement Valls a tout occulté, y compris le cessez-le-feu entre Israël et le Hamas. Un conflit qui a fait 2 000 morts et 11 000 blessés côté palestinien et 70 victimes israéliennes. Sept milliards de dollars de dégâts à Gaza. Conflit estimé à 3 milliards de dépenses militaires à Tel-Aviv. Qui en a parlé ?

Ce jour-là et les suivants, les sunlights étaient braqués sur les nouveaux ministres et les anciens. En particulier, les deux retrouvés en vacances californiennes. Franchement, je m'en fiche, pas vous ?

Après un tel constat, je n'aurai pas l'outrecuidance de prétendre connaître la parade au dérapage incontrôlé de l'information. L'audiovisuel la trouvera sûrement en se démarquant de l'info façon Internet : le journalisme a toujours été l'intelligence de chercher à savoir, mais la Toile dans laquelle nous nous débattons a un atout terrible : elle est devenue l'intelligence de savoir chercher. Réflexion qui mériterait un complément d'enquête…

Il y a urgence. Après les attentats djihadistes de janvier 2015, le CSA a appelé les chaînes à plus de « discernement ». Reprenant la méthode que j'avais inaugurée, le Conseil a réuni les patrons d'info pour traquer d'éventuels dérapages pendant ces événements tragiques. Détails donnés à l'antenne pouvant renseigner les terroristes, noms des coupables dévoilés avant que la police intervienne, directs ininterrompus pendant trois jours, avec tous les risques d'erreurs que cela suppose…

Plus que jamais, la responsabilité des journalistes est engagée et leur crédibilité en jeu. Désormais, le débat que j'ai amorcé est sur la place publique. Quelle information télévisée voulons-nous ? Faut-il « réguler » Internet ? Questions d'autant plus sensibles au moment où la liberté d'expression est menacée…

– 14 –

PLUS BELLE LA VIE

Dans la série *H* sur Canal+, Jamel Debbouze interpelle dans plusieurs épisodes Éric ou Ramzy – « Hé, tu te prends pour Rachid Arhab ? » – chaque fois qu'ils pensent trop. Le même Jamel qui, à la fin d'un de ses spectacles à l'Olympia, avait fait allumer un projecteur sur moi : « On lui doit beaucoup ! »

C'est trop, c'est trop. Ces hommages me touchent et me laissent perplexe. Suis-je réduit à l'état de symbole de l'intégration ? Une statuette que l'on dépoussière de temps à autre sur l'autel de la République ? Interrogé sur mon rapport à la France, j'ai eu souvent l'occasion de dire que j'aimerais bien, après avoir tant déclaré ma flamme à Marianne, que celle-ci me le rende une fois. Madame la France est facétieuse. En juillet 2014, Jean-Pierre Bel, président du Sénat, me nomme membre du collège du Défenseur des droits. Je deviens une « personnalité qualifiée » pour donner mon « avis en matière de lutte contre les discriminations et la promotion de l'égalité ».

Un petit job non rémunéré mais j'accepte car je trouve le clin d'œil du destin assez malicieux. S'occuper de discrimination quand on est dans mon cas nécessite une sérieuse dose d'humour. Mais je me battrai à nouveau comme pendant toute la durée de mon passage au CSA pour défendre ceux qui en ont plus besoin que moi. Même si une nouvelle fois, lors de la première réunion, il a fallu remplir un formulaire de non-conflit d'intérêts. Puis-je m'occuper de lutte contre les discriminations alors que je m'appelle Arhab ? Ou serais-je accusé de profiter de mes origines, d'être en conflit d'intérêts une nouvelle fois ? Comme au CSA ? Décidément… y a un problème.

Pendant toute ma carrière, j'ai toujours été surpris des marques de sympathie des différentes communautés françaises à mon égard. Combien de parents maghrébins ont dit à leurs enfants que j'étais l'exemple à suivre ? Franchement, je ne compte plus les témoignages au quotidien de ce genre. Ceux qui me touchent le plus sont les Portugais d'origine ou les Asiatiques qui m'ont en quelque sorte annexé à leur propre histoire d'immigration. Être un porte-drapeau m'a toujours effrayé et voilà que je le deviens presque officiellement. J'ai évolué sur le sujet. Tant qu'il fallait faire ses preuves sur le plan professionnel, hors de question de jouer les étendards de je ne sais quelle intégration. Aujourd'hui, l'expérience aidant peut-être, j'accepte d'aborder la question sans trop craindre d'être enfermé dans un rôle ou stigmatisé comme représentant des minorités invisibles.

D'autres l'ont visiblement mieux « intégré » dans leur plan de carrière. Quand j'apprends à mon départ du CSA que la journaliste d'origine réunionnaise Memona Hintermann-Afféjee y est nommée dans la foulée par le Sénat au nom de la diversité, l'uppercut est violent. Étrange république qui, après avoir voulu ignorer son histoire coloniale et ses conséquences sur la composition de la société française, essaie de se faire pardonner par des distributions de grigris et de colifichets.

Savez-vous que c'est à l'étranger qu'un Français d'origine étrangère défend le mieux l'Hexagone et son image ? Pendant mes reportages à travers le monde et durant mes missions extérieures comme membre du CSA, jamais je n'ai eu la moindre question sur mes origines. Que ce soit en Ukraine, au Mexique, au Japon ou au Togo, chaque fois que j'ai pris la parole en tant que représentant d'une institution nationale, mes interlocuteurs ont entendu une voix française. Le plus troublant fut un déplacement à Prague dans le cadre d'un séminaire organisé par la Commission européenne sur la diversité culturelle. Un participant vivant en Scandinavie est venu me dire qu'il aurait aimé être français pour être aussi bien « accepté » ! Je n'ai su que lui répondre…

Pourquoi cette image de la France ouverte est-elle plus naturelle à l'étranger ?

Pourquoi de jeunes Français dont les parents venaient d'ailleurs partent-ils se battre pour le djihad quand d'autres s'exilent à la City de Londres pour faire des affaires ? Immigrés de la première génération, de la deuxième, de la troisième... combien de temps allons-nous encore compter ainsi les générations et les voir se désespérer et s'éloigner du creuset français ? Retourner à un point de départ qui n'est pas le leur ? Là aussi, les attentats terroristes nous obligent à réfléchir, efficacement et urgemment.

Impossible de me souvenir de tous les débats auxquels j'ai participé dans les banlieues pour tenter de transmettre ma propre histoire et mon regard sur l'Histoire avec un grand H. Patiemment, j'ai écouté ces jeunes convaincus qu'ils ne pourraient suivre le même chemin que moi malgré mes encouragements. Il m'a fallu beaucoup de maîtrise pour ne pas me fâcher contre la maman venue avec sa fille qui ne rêvait plus d'être journaliste lorsqu'elle m'a dit : « Oui mais vous avez eu de la chance » ! Quelle chance, madame ?

Avoir toujours dû être le premier m'a donné du courage dès l'école primaire. En CM1, j'ai pris comme un affront de n'avoir été que deuxième pendant un trimestre durant lequel je m'étais cassé une jambe. Cinquante ans après, je n'ai pas oublié le nom de Chantal Prost qui m'avait ravi la pole position pendant trois mois.

Premier de la classe parce que l'instituteur de l'école primaire, M. Praoutine, aimait me faire écrire les dictées derrière le tableau pour pouvoir le retourner et constater qu'il n'y avait pas de fautes. Premier étudiant en journalisme à travailler dans des rédactions où il m'arrivait de me demander ce que les chefs avaient fait pendant la guerre d'Algérie… Premier journaliste d'origine étrangère engagé à la télé puis y présentant le journal. Premier salarié d'une télévision publique à être détaché auprès d'une institution de la République. Premier membre du CSA venu d'ailleurs. Premier journaliste à être interdit de travail dans son secteur. Le rôle de précurseur est parfois lourd à porter. Désormais premier « discriminé » à travailler pour le Défenseur des droits... Tant que je ne suis pas premier de corvée !

Ce qui m'a sauvé, c'est donc surtout l'humour ou l'autodérision. C'est mon seul héritage tangible : ma grand-mère adorait blaguer en version originale et a légué ce talent à notre mère, qui nous l'a transmis en traduisant ses boutades.

J'entends encore les sanglots de rire de mes plus jeunes sœurs le jour où Carole Gaessler m'a donné l'antenne pour un direct extérieur pendant le Tour de France cycliste : « Et nous retrouvons Rachid Arhab qui s'est arrêté à Poitiers… » Charles Martel a-t-il apprécié d'outre-tombe ?

Ce qui m'a protégé, c'est le sourire timide affiché face à ce spectacle tragi-comique que je viens de résumer. « Ni dupe, ni soumis », ai-je plaisanté un jour face à la cour que me faisait un politique qui tentait de me mettre dans sa poche. Ce qui m'a épargné de trop grosses désillusions, c'est la distance prise avec les attributs du pouvoir médiatique et du pouvoir tout court.

Et ce qui m'a étrangement « blindé », c'est finalement ma candeur de petit garçon émigré de ses montagnes sans qu'on lui demande son avis. Un petit bonhomme n'en revenant pas de ce qu'il a pu faire avec une bonne dose d'inconscience, un homme qui n'oublie pas ceux qui ont jalonné son parcours.

Ma grand-mère par-dessus tout. En Kabylie, elle ne portait pas de voile mais des robes berbères colorées assorties d'une *fouta* – tissu rayé porté sur les hanches – et d'un *mendil*, un foulard chatoyant pour se protéger les cheveux pendant les travaux ménagers. Nous ne pouvions communiquer qu'en kabyle et la dernière fois que je l'ai vue je lui ai appris une phrase en français : « À bientôt ».

Ma mère bien sûr, qui a commencé des cours d'alphabétisation après soixante-dix ans en devenant française de papier. Voir ses cahiers d'écriture me fait monter les larmes aux yeux. Comment m'a-t-elle éduqué sans connaître la langue que j'apprenais à l'école ? Un mystère que je ne cherche plus à percer tant il est beau. Aujourd'hui, nous n'échangeons qu'en français, sauf quand il faut se dire des choses graves.

Ma femme enfin et surtout, française née par hasard à Madagascar. Un mariage du sud et du nord de l'Afrique. Un bonheur cultivé dans les vallons du Gers. C'est elle qui m'a soutenu pendant l'épreuve que je viens de traverser, elle qui a su apprendre à dire « je t'aime » dans ma langue natale si difficile à prononcer.

Et des femmes libres comme Betty Durot, la première à m'avoir demandé de présenter le journal télévisé sur une grande chaîne de télévision. Elle ne s'est jamais posé la question de savoir s'il était risqué de faire apparaître mon visage et mon nom à 20 heures dès 1989, à une époque où le concept de diversité était utilisé pour la faune et la flore.

Désormais, j'aime plaisanter en disant que j'ai pris un pseudonyme provocateur pour réussir ! Mais je n'oublie pas qu'à l'époque tant d'autres ont hésité à me confier la responsabilité d'être un des acteurs de la société. Ma plus grande victoire : avoir rendu mon nom et mon prénom communs en les faisant accepter des téléspectateurs. Une si longue marche au milieu des tranchées de nos mémoires.

Finalement, ma lente « intégration » est peut-être devenue définitive le 11 novembre 1998 à 13 h 20. En direct de Verdun, non loin de l'ossuaire de Douaumont, pour un journal consacré aux cérémonies de l'armistice, je glisse sur le terrain boueux des tranchées. Fracture du col du fémur. En attendant les pompiers, j'ai le temps de lire sur la tombe qui a alourdi ma chute : « Soldat Lacour, mort pour la France ». Malgré la douleur, je souris de cette anecdote racontée le lendemain dans le journal local. Après l'avoir lue, une dame me fait une lettre « Vous êtes tombé sur mon grand-père »... De retour à Paris, je suivrai ma rééducation à l'Institut national des Invalides. Autant de clins d'œil du destin qui feront dire à mon copain Sérillon : « Tu pousses un peu loin le désir d'intégration, te voilà le plus jeune ancien combattant de France. »

*
* *

Chaque fois que je me rends chez ma mère dans l'Aisne, en passant sur le chemin des Dames et devant les cimetières de la Gande Guerre, je me sens viscéralement de ce pays malgré les morts qui auraient pu m'en éloigner.

Ce qui m'a fait aimer la France, c'est la passion de sa langue qui me permet aujourd'hui d'essayer de traduire les subtilités de mon parcours vers vous. Comme le formula si joliment l'écrivain algérien Kateb Yassine : le français est un butin de guerre. Avec mes mots, j'ajouterai aujourd'hui : un trésor de paix malgré l'Histoire. Un morceau d'os laissé près de l'ossuaire de Douaumont – là où l'on a entassé les restes des victimes de la Grande Guerre – a ancré mon attachement à cette terre.

Français de souche berbère, en quittant le CSA, j'ai fait le début de mon discours d'adieu en kabyle, un des dialectes du peuple berbère : les Imazighen. Traduction : les hommes libres, mais aussi les rebelles. Les deux me vont. Devant le parterre de dirigeants de l'audiovisuel conviés à cette cérémonie de fin de mandat, je voulais transmettre en quelques mots incompréhensibles d'eux la fierté que j'avais eue à ne pas changer de comportement malgré les honneurs et les compliments. Et ce soir-là j'ai arraché la cravate que je m'étais efforcé de porter le temps d'un discours.

Comme je m'empressais de le faire dès la fin des journaux que je présentais, besoin de respirer, de ne pas me laisser étouffer par les outils du pouvoir. L'audiovisuel est une machine infernale qui broie les personnalités et les différences. La fonction publique arase les tempéraments et les résistances. J'y ai survécu. Même si je la paie au prix fort, l'expérience de six ans prolongés par un bannissement légal m'a enrichi sans me rendre aigri. Comme mes trente ans de télé.

Malgré la douleur des placards et la douceur des honneurs. L'une me protégeant de l'autre. Au fil de ces pages, de ces anecdotes et de ces petits secrets, de ces colères trop longtemps rentrées, je n'ai fait qu'essayer de comprendre ce qui m'a fait trouver le cap et le garder.

Peut-être est-ce tout simplement le plus beau souvenir de ma vie professionnelle qui m'a donné la force de ne pas renoncer. Une rencontre humaine.

Alors que j'étais en reportage en Afrique du Sud pour y suivre Laurent Fabius, l'ambassade de France me fait savoir qu'elle organise un dîner « particulier ». Mes confrères – à une exception près – préfèrent visiter Pretoria *by night.* Je me « dévoue » et découvre, attablé avec trois autres personnes… Nelson Mandela.

Magnifique, plus droit que jamais. J'ai souvent raconté à mon beau-fils et à mes belles-filles que ce jour-là, j'ai eu l'impression d'être un enfant devant l'Histoire vivante.

« Après avoir gravi une haute colline, tout ce que l'on découvre, c'est qu'il reste beaucoup d'autres collines à gravir. » La devise de Madiba est restée sur mon bureau.

Table des matières

Direction littéraire
Huguette Maure

Composition PCA
44400–Rezé

IMPRIM'VERT® PEFC 10-31-1510

Imprimé en France
par Corlet Imprimeur
14110 Condé-sur-Noireau
Dépôt légal : Mars 2015
N° d'impression : 172205
ISBN : 978-2-7499-2486-1
LAF : 1969